## Tibet für Anfänger

von

**Prof. Dr. Dr. Dr. Lutz Simon**

ISBN 3-9800487-9-9
Verlag Lutz Simon
Frankfurt am Main 2002

Printed in Germany

Herstellung: Books on Demand GmbH

## Vorwort:

Über Tibet gibt es spannende Reiseberichte, angefangen von Sven Hedin bis zu Heinrich Harrer. Heute, im Alter des Massentourismus, ist jeder Platz in Tibet, sind alle Sehenswürdigkeiten in den schillerndsten Farben in Reiseführern abgebildet und genauesten beschrieben. Dort können Sie im einzelnen nachlesen, welche Reisezeit die angenehmste ist, wie Sie sich einkleiden sollten, welche Ziele am interessantesten sind und welche Impfungen Sie unbedingt benötigen. Dann sehen Sie sich die Prospekte der unterschiedlichen Reiseveranstalter an, prüfen Ihren Reiseetat und vergleichen ihn mit den verschiedenen Preisen der Veranstalter. Sie legen die für Sie günstigsten Zeitpunkt fest und buchen 14 Tage Tibet mit Vollpension. Nun lesen Sie noch die Empfehlungen des Veranstalters, zahlen den Reisepreis und finden sich mit den restlichen Mitgliedern der Reisegruppe am verabredeten Tag zur Abflugzeit am Flughafen ein und los geht es.

Tja, wenn Sie diese Art des Massentourismus erwarten, muß ich Sie leider enttäuschen. Was Sie erwartet, ist gewagter, das tibetische Abenteuer pur: eine Tour zweier Deutscher durch das karge, prunkvolle und freundliche Tibet mit einem tibetischen Führer und einem Fahrer.

Das Buch soll auch kein Reiseführer durch Tibet sein, sondern schildern, wie man Tibet erleben und seine Einwohner bewundern und schätzen lernen kann.

## Warum gerade Tibet?

Nachdem ich zusammen mit einem Freund im Oktober 1994 nach Tibet gereist bin, bin ich von vielen Bekannten gefragt worden, was mich nach Tibet zog, warum es gerade Tibet sein mußte, ob es ein interessanter Urlaub gewesen sei?

Heute, 8 Jahre später, stelle ich mir beim Schreiben des Reiseberichts ähnliche Fragen. Sicherlich gibt es genug Gründe, warum es mich mehr gereizt hat, statt nach Rimini, Mallorca oder in den Schwarzwald nach Tibet zu reisen. Die Reiseberichte von Sven Hedin, Heinrich Harrer und einige andere Reiseberichte hatte ich schon als kleiner Junge mit Spannung gelesen, die Gewaltlosigkeit des Dalai Lamas hatte mich schon damals fasziniert. Inzwischen habe ich einige religiöse Kenntnisse über den Buddhismus und seine Eigenarten sammeln können, Berichte über die tiefe Frömmigkeit der Tibeter und die Unterdrückung durch die Chinesen gespannt verfolgt. Ich sah Bilder in den Tageszeitungen und Filme von Expeditionen nach Tibet, die meine Neugier nicht gestillt, sondern noch gesteigert hatten. Diese und ein Tick Abenteuerlust, den ich mir erhalten habe, ließ das Vorhaben "Tibet" zu einer unbeschreiblichen Faszination werden. Ich suchte Religion in ihrer Natürlichkeit abseits des Institutionellen, wie es im Christentum manchmal verlorengegangen scheint; ich hatte Sehnsucht nach einer möglichst wenig verfälschten Quelle des Lebens. So interessierte es mich, wie man trotz einer unwirtlichen Natur und entsetzlicher Armut eine derart tiefe Freude und Religiosität leben kann.

Spricht oder liest man heute von Tibet, so fallen dem Kenner hauptsächlich drei Dinge ein: Dalai Lama – chinesische Besatzung - Potala-Palast. Dann gibt es noch einige, die dort nach ihrem persönlichen Guru suchen. Ich will nicht verschweigen, daß man sein Karma und seinen Guru auch in Tibet, wie überall auf dieser Welt, finden kann. Dabei dürfte wohl mehr der Weg als das Ziel von Bedeutung sein.

Sicherlich sind der Dalai-Lama, die chinesische Besatzung und auch der Potala-Palast in Lhasa nicht von Tibet zu lösen. Aber Tibet ist mehr, viel mehr! Vielleicht gelingt es meinem kleinen Reisebericht, Sie, den Leser, davon zu überzeugen, daß eine Reise dorthin auf das sogenannte "Dach der Welt" einen Reiz ausübt, dem man sich nicht entziehen kann, um sich zu besinnen, nach innen zu horchen, sich wieder einmal mit sich, der vergänglichen Stellung hier auf der Welt zu beschäftigen, und den Sinn der Worte "Zufriedenheit" und "Genügsamkeit" wieder oder neu zu lernen.

Lassen Sie mich diese Einführung mit einer Anregung schließen, wie Sie diesen Bericht lesen sollten. Vielleicht kennen Sie russisch-orthodoxe Meßgesänge oder gregorianische Choräle. Diese Musik könnten Sie sich als Begleitung, als Einstimmung, anhören, buddhistische Gesänge sind dagegen eher eintönig und für den Europäer doch zu gewöhnungsbedürftig. Als Getränk empfehle ich grünen Tee; Buttertee wird Ihnen schwerlich schmecken.

Vorher muß ich Ihnen aber von den stümperhaften Vorbereitungen auf diese Reise, dem Flug von Frankfurt nach Peking und dem Aufenthalt in China berichten. Sie werden dabei der Stimmung der Aufzeichnung am nächsten kommen.

## Unsere Reisevorbereitungen:

Die Vorbereitungen auf diese Reise, deren Mittelpunkt Tibet sein sollte, traten im April 1994 in ein erstes entscheidendes Stadium. Mein Freund Helmut, meine Frau Karin und ich planten für den August 1994 eine Reise zu dritt nach China, die uns von Peking, wo wir noch einigen geschäftlichen Verpflichtungen nachkommen wollten, zunächst nach Schanghai führen sollte. Wir wollten von dort einige völkische Minderheiten Chinas besuchen, um dann den Yangtse mit dem Schiff hochzufahren und schließlich nach Chendgu zu kommen, dem Hauptausgangsort für Reisen nach Tibet.
Diese Reiseroute legten wir in den nächsten Wochen immer detaillierter fest.

Bereits Anfang Mai hatten wir durch unseren Freund Prof. Wang, einen Geschäftsmann in Peking, genaue Flugpläne, erste Buchungszusagen von Hotels und einfachen Unterkünften, Reservierungen auf Booten und Zusagen von Reiseleitern und örtlichen Ansprechpartnern erhalten. Doch Ende Juni 1994 war plötzlich unser fast achtwöchiger Traum in Frage gestellt. Der Gesundheitszustand meines Schwiegervaters, der an Lungenkrebs schwer erkrankt war, verschlimmerte sich rapide, so daß wir die Reise eigentlich absagen mußten. Wir beschlossen dann, die Reise nach Tibet auf zwei Wochen zu verkürzen und planten sie für die Zeit ab dem 10. Oktober 1994. Wir baten also Prof. Wang, sich mit den chinesischen Behörden, zu denen er als Universitätsprofessor für Außenhandel sehr gute Beziehungen hat, in Verbindung zu setzen und die verschiedenen Genehmigungen einzuholen, um eine "nichtorganisierte" Reise durch Tibet machen zu dürfen. Uns fehlten noch drei wesentliche Essentials: ein tibetischer Reiseführer mit Englischkenntnissen, ein Fahrer und ein geländegängiges Fahrzeug für diese unwegsame Gegend. Um den 25. September erhielten wir von Prof. Wang ein Fax, daß er alles organisiert habe und nur noch dringend unsere Bestätigung brauche. Es war nicht zu fassen, wie schnell er alle Genehmigungen besorgt und auch den Fahrer und Reiseführer mit Landrover aus dem Hut gezaubert hatte. Problematisch war jetzt nur, daß wir zeitlich keinen großen Spielraum hatten und der Streß schon vorprogrammiert schien, da Helmut am 1. Oktober geschäftlich nach China reisen mußte und ich eine Lehrverpflichtung in Peking vom 4.-8. Oktober vor Fachleuten der Stadtverwaltung übernommen hatte. Nach langer Diskussion kam Karin zu der für uns betrüblichen, aber wohl richtigen Entscheidung, doch wegen des Gesundheitszustands ihres Vaters nicht mitzufahren.

Die nur kurze Zeit vor dem Abflug und unsere beruflichen Verpflichtungen brachten es mit sich, daß mein guter Freund und ich an alles andere dachten als an Tibet. Helmut startete am 1. Oktober über Hangchow nach Nanking und wollte am 9. Oktober direkt nach Peking fliegen. Während er mit geschäftlichen Vorbereitungen beschäftigt war, arbeitete ich meine Vorträge aus und bekam Ärger mit den chinesischen Organisationen der Vortragsreihe, weil sie mir den Rückflug ab Peking am 23.Oktober nicht rechtzeitig gebucht hatten. Das führte zu so großen Komplikationen, daß dieser Teil des Programms schließlich ins Wasser fiel. Das Ergebnis war, daß ich einen neuen Flug über Kopenhagen buchen mußte und so erst am 10. Oktober in Frankfurt fliegen konnte. Dieser Flug war bis einen Tag vorher noch ungewiß gewesen. Diese ganzen Aufregungen führten dazu, daß sowohl Helmut als auch ich mit nahezu leeren Koffern flogen. Das geht ja gut los, werden Sie denken. Nun ist es bei Reisen nach China nicht ganz so schlimm, wenn man mit wenig Kleidung startet, da man fast alles viel preiswerter als in Deutschland kaufen kann. Das gilt vor allem für Pullover, Unterwäsche sowie Jeans.

Wenn ich schon nicht besonders gut für diese Reise ausgerüstet war, so galt das noch mehr für Helmut. An Medikamente hatten wir beide nicht gedacht. Wie fahrlässig in diesen Höhen! Helmut hatte rein gar nichts, also nicht einmal Kopfschmerztabletten, mit. In Peking dachten wir beide daran, hatten aber keine Zeit mehr für die nötigsten Einkäufe. Wie ich später feststellte, hatte meine Frau, Frauen denken wohl praktischer, mir prophylaktisch 50 Aspirin, eine elastische Binde und eine Salbe für Verletzungen in den Waschbeutel geschmuggelt, während ich von Tibet träumte. Wenn wir auch sonst nicht gut, man muß wohl sagen, nicht ausgerüstet

waren, so stimmte jedenfalls unsere Film-
ausrüstung. Wir beide hatten jeder wie die Profis
Videofilme für 6 Wochen verstaut. Weiter hatte
ich ein Diktiergerät mit einigen Kassetten, wie
immer viel zu wenige, und einen Reiseführer mit
schönen Fotos und einem Plan von Tibet mit auf
die große Abenteuertour genommen.

## Der Flug nach Peking

Ca. 24 Stunden vor dem Abflug hatte ich endlich die Tickets in den Händen. Der Hinflug war in der Economy-Class, der Rückflug in der Business-Class gebucht. Es ging zunächst von Frankfurt am Main mit der SAS nach Kopenhagen. Wie schon öfter hatte ich mich völlig mit den Verkehrsmitteln verkalkuliert und war erstaunlicherweise viel zu früh am Flughafen. Es war nicht viel los, ich gab meinen Koffer auf, ich wurde bereits nach Peking durchgecheckt und bekam außer den Platzkarten für den Flug nach Kopenhagen auch schon die Karten für den Anschlußflug nach Peking.

Der Flug nach Kopenhagen selbst verlief ruhig. Auf den Anschluß brauchten wir nicht mehr als etwa eine Stunde zu warten. Man kann ohne Formalitäten gleich zum Warteraum gehen. Allmählich füllte sich der Raum mit vorwiegend deutschen und einigen skandinavischen Reisegruppen. Die meisten Reisenden sind über 65 Jahre alt. Sie machen durchweg alle einen aufgeweckten und rüstigen Eindruck und unterhalten sich fast ausschließlich über ihre Reiseerlebnisse und ihre Erwartungen, die sie an diese Reise nach China knüpfen. Sie erzählen, was sie von China wissen, wie die dortigen Lebensverhältnisse sein sollen. Neben mir sitzt ein Deutscher. Ich schätze ihn auf ca. 68 Jahre. Er hat schon beim Flug von Frankfurt nach Kopenhagen zwei Sitze vor mir gesessen. Wir kommen ins Gespräch, er ist ganz aufgeregt und voller Erwartung. Offensichtlich ist er das erste Mal in Südostasien. Er hat eine Gruppenreise gebucht, die von Peking über Nanking und Kanton nach Hongkong führt. Bis jetzt bin ich ruhig wie immer, wenn ich auf Reisen gehe, die Formalitäten des Eincheckens vorbei sind und ich allmählich den Alltag hinter mir lassen kann. Das Kribbeln der Ferne, des Unbekannten hat mich noch nicht ergriffen.

Es wird noch kommen, ich fühle es zum ersten Mal nach etwa zwei Stunden des Abflugs Richtung China. Auf der Leinwand links vor mir ist die Reiseroute zu sehen. Ein kleines Flugzeug bewegt sich von Kopenhagen Richtung Peking, die Entfernung in Kilometern vom Abflugort, die Flugzeit, die vermutliche Ankunftszeit und die Reiseroute werden angezeigt. Die unter uns überflogenen Städte kann man nur erahnen. Wir haben die Ostsee und St. Petersburg hinter uns gelassen. Die beiden Schweden neben mir dösen, lesen ab und zu in einer Zeitschrift. Schwedisch hört sich schon irgendwie witzig an. Das Abendbrot habe ich auch schon hinter mir. Nach einem ersten Drink nach Wahl gibt es einen Krabbencocktail, dann Hühnerfrikasse mit Reis und Salat. Dazu werden vom Steward, gekleidet mit weißer Schürze und Kochmütze, warme Brötchen gereicht. Stilvoll! Ich habe mich für einen trockenen Rheinwein entschieden und zum Schluß des Essens einen Kaffee und einen französischen Cognac bestellt. Jetzt bin ich richtig satt und zufrieden. Es ist doch erstaunlich, daß man mit einem guten Essen und den richtigen

Getränken die Menschen wenigstens vorüber-
gehend zufriedenstellen kann. Schaut man sich im
Flugzeug um, entdeckt man eine allgemeine
Entspanntheit. Auch die schräg hinter mir
sitzende Frau, die in einer Tour auf schwedisch
oder norwegisch auf ihren Partner eingeredet hat,
ist ruhiger geworden. Abgesehen davon, daß man
sie mit vollen Mund auch nicht schlechter
verstehen kann, scheint das Schnellsprechen mit
heißem Kaffee im Mund Schwierigkeiten zu
machen. Auch der etwa fünfjährige chinesische
Junge zwei Reihen vor mir links jenseits des
Mittelgangs wippt jetzt nicht mehr mit dem
gesamten Oberkörper. Entweder haben ihn die
Eltern überzeugt, daß wir damit auch nicht eher
am Ziel sind, oder er hat selbst eingesehen, daß er
dabei das Törtchen verschlucken könnte, das zum
Nachtisch gereicht wird.

Der hintere Teil des Flugzeug ist fest in der Hand
der Raucher. Zum Glück gibt es nicht weit von
mir zwei Toiletten, so daß ich nicht nach hinten
muß. Beim Aufstehen habe ich den Eindruck, daß
sich ab der dreiundzwanzigste Reihe der
herbstliche Frühnebel über die Sitzreihen gelegt
hat. Männlein und Weiblein qualmen, was die
Sohle hält. Man könnte glauben, jeder hätte zwei
Zigaretten in der Hand. Nachdem die ersten
Passagiere sich zu langweilen beginnen und
mancher das sogenannte Bordbuch aus dem
Rücksitznetz herausgezogen hat, um sich über die
Schönheiten eines Hotels in Dubai und der
Burgen am Rhein zu informieren oder die Preise
der zollfreien Getränke, Zigaretten und

Duftwasser kontrolliert hat, beschließt der Purser nach intensiver Konferenz mit den Stewardessen, einen Film zu zeigen. Offensichtlich soll etwas für die kollektive Bildung getan werden. Zunächst werden uns zum zweiten Mal die Errungenschaften der Fluglinie bildlich und dreisprachig vor Augen geführt, damit wir auch wissen, daß wir mit einem skandinavischen Flugzeug fliegen. Kurz vor dem Start in Frankfurt, dann in Kopenhagen, heute also zum dritten Mal, sind wir neben den Sicherheitsbestimmungen auf die Vorzüge aufmerksam gemacht worden. Wir sind jetzt endgültig über die Wahl des Flugzeugs beruhigt. Nach diesem Vorspann geht es richtig los. Der amerikanische Krimi, auf den im Bordbuch hingewiesen wurde, fängt an. Also werden die verteilten Kopfhörer wie auf ein geheimes Kommando der Flugleitung ausgepackt, d. h. die Plastikhülle wird mit Gewalt zerrissen und die Schnur ausgewickelt. Nachdem die Suche nach der entsprechenden Buchse erfolgreich war, wird an beiden Schaltern für die Lautstärke und den Kanal herumgetestet. Am meisten Probleme hat offensichtlich eine etwas pralle Blondine in der Reihe vor mir links vom Gang. Nachdem sie mit dem Ellenbogen ihrem Nachbarn schon die Kaffeetasse auf die Hose befördert hat - es handelt sich um ein deutsches Paar Ende 50 - und ihrem Partner lautstark erklärt hat, daß sie ihm ja heute früh bereits gesagt habe, daß man für eine solche Reise keinen Anzug anziehe und schon gar nicht den blauen, den sie gerade aus der Reinigung geholt habe, hat sie offensichtlich die

Schnüre verwickelt, weil sie sie in die Buchsen des Nachbarn gesteckt hat. Das wäre ja prinzipiell auch nicht weiter dramatisch gewesen, wenn sie nicht auch schon beim Anschnallen Probleme gehabt hätte, weil ihr Nachbar mit Vehemenz seinen Gurt verteidigen mußte, da sie unerbittlich an seinem gezogen und gezerrt hatte, und er jetzt total entnervt die Augen verdrehte. Die Stewardeß kommt ihr zu Hilfe und überzeugt sie, daß es sich nicht um einen Konstruktionsfehler handelt, sondern sie auf dem Schoß ihres eigenen Gurtes sitzt.

Jetzt scheinen alle Fluggäste, zumindest soweit ich es in meiner Nähe beobachten kann, Anschluß an den Film bekommen zu haben. Einige flugerfahrene Passagiere - man erkennt den Vielflieger eben sofort, haben sich schon bei der Reklame eingeklinkt -, sie hatten auch keine Probleme mit den beiden Schaltern und fanden die beiden für den Film wichtigen Kanäle: 1 (Originalton englisch) und 2 (skandinavisch) sofort. In unserer Reihe hatte ich mich mit meinen Nachbarn über die Aufteilung oder besser die Zuteilung der Schalter und Buchsen geeinigt. Es ist wie bei einem Diner, der Teller mit Butter und Brötchen, stehen links, so auch hier, die linken Armlehne und die dortigen Armaturen gehören zum jeweiligen Sitzplatz. Der Film ist inzwischen - man kann ja nicht auf den letzten begriffsstutzigen Passagier Rücksicht nehmen - schon in voller Fahrt. Ein Bösewicht, man erkennt ihn gleich an dem fetten, aufgedunsenen Gesicht, es muß der Gangsterboß selbst sein, hat die Beine auf dem Schreibtisch liegen, einen blauen Nadelstreifenanzug mit einen weißen Tuch in der Brusttasche und die obligate Davidoff im Mund und grinst hämisch. Den Ton dieser Anfangsszene konnte ich bei der Aufteilung der Kabel zwischen mir und dem Nachbarn noch nicht hören. Er gab einem nicht sehr vertrauenerweckenden Mann ein Bündel Geldscheine, das andere Bündel zeigte er ihm. Wahrscheinlich wollte er ihm damit zu verstehen geben, daß das übrige Geld von gleicher Qualität war. Kurze Zeit später sah man eine Hotelzimmertür, die sich langsam öffnete. Ein Schatten huschte hinein. Vielmehr konnte man nicht erkennen, da es offensichtlich Nacht sein sollte, nur der Mond ins Zimmer schien und dem ungebetenen Gast Licht verschaffte.

Er zog eine Pistole, richtete sie aufs Bett und drückte mehrfach ab. Zu sehen waren nur die Mündungsblitze, dann wurde abgeblendet, viel Polizei war in dem Zimmer, Sanitäter trugen zwei zugedeckte Baren heraus. Ein smarter Polizist wurde in Großaufnahme mehrere Sekunden lang gezeigt. Der Held war ins Bild getreten. Dann brauchte man mich ja nicht mehr. Ich sah mich um, ob ich mich aus der Vorstellung verabschieden dürfte und machte meine Leselampe über mir an. Außer einigen mißtrauischen Blicken gab es keinen Protest. Ich las einige Seiten in meinem Reiseführer, probierte dann das Musikprogramm an der Armlehne aus. Aber auch Placido Domingo, der sich mit einer Arie aus Tosca abmühte, konnte sich gegen das Motorengeräusch des Flugzeugs trotz des hohen Standards des Kopfhörers nicht durchsetzen. Nicht einmal die Rolling Stones hatten bei mir mehr Glück. Auch die späteren Versuche gab ich schließlich auf. Nachdem der Film zu Ende war, muß irgend jemand von der Flugleitung ein Zeichen gegeben haben. Ich konnte jedenfalls nicht erkennen, was der Auslöser war.

Plötzlich sprangen ganze Sitzreihen auf und stürmten die Toiletten. Dort entstand ein Stau, der auf der einen Seite bis zur dritten Reihe reichte. Die Reihen wurden durch neue Interessenten aufgefüllt, bis alle Passagiere einmal dran waren. Inzwischen begannen die Stewardessen, den Flüssigkeitshaushalt mit dem Servieren von mehren Getränken wieder auszugleichen. Das hatte zur Folge, daß zusätzliche Staus beim rückfließenden Passagierverkehr entstanden. Inzwischen hatten wir Swerdloswk auf dem Bildschirm überflogen, der nach Ende des Filmes jetzt wieder den Flug zeigte. Es erschienen die einzelnen russischen Städte. Die Stewardessen haben uns jetzt Schlaf verordnet, die Verdunklungen an den Fenstern haben sie heruntergezogen, die Kabinenbeleuchtung aus-geschaltet. Ich kann mich nicht zum Schlafen entschließen, auch zu Hause gehe ich nicht schon um 19 Uhr ins Bett und so döse ich vor mich hin und verfolge die Route des Flugzeugs, das uns allmählich zur russisch-mongolischen Grenze und weiter nach Ulan Bator führt. Wer nicht schläft, hat die Leselampe eingeschaltet und liest oder hört Musik über den Kopfhörer. So vergeht die

Zeit. Gegen 5.30 Uhr Ortszeit Peking - ich habe die Uhr schon 8 Stunden vorgestellt - gibt es eine große Unruhe an Bord. Die Stewardessen nehmen den Passagieren die Decken wieder ab, die Kabinenbeleuchtung geht an, es riecht nach Kaffee. Wir bekommen unser Frühstück. Hunger habe ich nicht, Durst eigentlich auch nicht. Zwischendrin hatte ich mir ein Glas Limonade in der Pantry geholt. Aber was soll's, wenn alle frühstücken! Also verzehre ich die Brötchen und das Rührei, trinke artig meinen Kaffee, nehme auch noch eine zweite Tasse und beschließe, ganz wach zu sein. Ulan Bator, die Hauptstadt der Mongolei, ist nicht weit. Ich erinnere mich an die Mongolei-Reise 1978, die ich mit meinem Vater und meinem Bruder gemacht habe.

Plötzlich werde ich aus meinen Gedanken gerissen, als die große stämmige Stewardeß mit dem Pferdeschwanz mir drei Formulare in die Hand drückt. Das große Formular enthält Fragen nach allen Arten von Krankheiten in chinesischer und englischer Sprache. Von manchen Krankheiten wußte ich bis dato noch nichts. Außerdem sagen mir die chinesischen und englischen Krankheitsbezeichnungen nicht viel. Da ich aber "NO" schreiben kann, komme ich meiner Pflicht nach. Bei den beiden Devisen- und Wertsachenformularen ist es schon komplizierter. Da muß man sich mehr Mühe geben, denn man will ja die eingeführten Foto- und Filmapparate sowie die Armbanduhr wieder nach Hause bringen, und meine Frau wird auch nicht begeistert sein, wenn ich nach der Rückkehr erklären müßte, man habe den Ehering nicht wieder aus China ausführen dürfen. Endlich ist auch diese Prozedur erledigt. Schließlich haben die Fluggäste auch ihr Quantum an zollfreiem Parfüm und Schnaps gedeckt, so daß an die Landung zu denken ist. Schnell noch einen heißen Lappen zur Erfrischung mit einer großen Gebäckzange gereicht, dann kommt der Purser, der sich bis dahin nicht sehen ließ und sammelt die Kopfhörer wieder ein. Ordnung muß schließlich sein.

Jetzt kann eigentlich die Landung erfolgen. Die Räder sind ausgefahren. die Blondine vorne links hat sich zur Feier des Tages von ihrem Sitz erhoben und den Teil des Gurtes mit Schloß unter ihrem Rock gefunden. Am 11.10.1994 um 7.24 Uhr Ortszeit landen wir pünktlich in Peking.

## Peking für Geschäftsleute

So schnell bin ich selten in Peking abgefertigt worden. Es gibt keine Devisenkontrolle. Nur das Formular für die Gesundheitskontrolle muß abgegeben werden. Das Formular für Wertsachen erhält einen Stempel. Auch die Paßkontrolle geht schnell und reibungslos. Nachdem auch dieser Stempel im Paß gelandet ist, geht es mit Elan zur Kofferausgabe. Zunächst passiert eine halbe Stunde nichts. Endlich erscheint an der Anzeige über einem der alten, quietschenden Förderbänder das Schild "Kopenhagen". Alles stürmt hin und wartet voller Erwartung, ob das Gepäck da ist und sich nicht versehentlich auf dem Weg nach Kapstadt, Rio oder nur Stockholm verirrt hat. Das Förderband beginnt zu laufen, aber kein Koffer, kein Karton steigt aus den Niederungen des Gepäckraumes auf. Dann setzt sich langsam ein anderes Förderband ohne Herkunftsanzeige in Bewegung. Dort kommen die ersten Gepäckstücke zum Vorschein. Noch ist völlig unklar, ob es das richtige Gepäckband ist, aber die Chinesen neben mir, rennen voller Gewißheit dorthin. Meine Zweifel sind beseitigt, als ich meinen Koffer entdecke. Von weitem sehe ich Helmut am Ausgang stehen, er winkt mir zu.

Ja, zunächst will ich Ihnen meinen Freund kurz vorstellen. Helmut kennt China wie kaum ein anderer sowohl als Geschäftsmann als auch privat. Die letzten dreißig Jahre hat er zum Leidwesen seiner Familie, insbesondere seiner Frau, mehr in China als in Deutschland zugebracht und das ganze Auf und Ab der chinesischen Politik über Jahre verfolgt. Die Veränderungen im täglichen Leben hat er miterlebt und kann ihnen viele Anekdoten berichten. Einige dieser kleinen Abenteuer haben wir gemeinsam in China erlebt. So haben wir uns eines Tages, nachdem wir einige Whiskeys in einer Hotelbar in Peking intus hatten, zwei Reiseziele überlegt, die wir gemeinsam besuchen wollten. Schnell hatte ich ihn mit meinem Reisefieber angesteckt und so mahlten wir uns etwas beschwipst und voller Leidenschaft aus, was uns wohl erwarten würde, wenn wir die faszinierende Seidenstraße oder das rätselhafte und geheimnisvolle Tibet kennenlernen wollten.

Dies alles ging mir durch den Kopf, als ich meinen Koffer in Empfang nahm, um zu sehen, ob mich Helmut am Ausgang erwartete. Mit meinem Gepäckwagen steuerte ich darauf zu und tatsächlich, Helmut war, wie vereinbart, am Ausgang und geleitete mich zu einem Taxi, mit dem wir zu unserem Hotel fahren sollten. Wir hatten die Koffer gerade eingeladen und er verhandelte mit dem Taxifahrer über den völlig überhöhten Fahrpreis, der uns offenbar für Touristen gehalten hatte. Helmut gestikulierte und ich begann in aller Ruhe, meinen Koffer wieder aus dem Taxi auszuladen. Der Fahrer stand noch immer völlig ratlos an seinem Taxi, während wir seelenruhig zum nächsten Wagen gingen, mit dem wir uns schnell auf einen vernünftigen, halb so teuren Preis geeinigt hatten.

Die Fahrt zum Hotel brachte einige Überraschungen für mich. Ich war schon knapp zwei Jahre nicht mehr in Peking gewesen. Zu meinem Erstaunen hatte sich das Stadtbild ganz erheblich verändert. Wo noch vor ein paar Jahren Stadtviertel mit alten kleinen Häusern standen, sah man nunmehr riesige Gebäude oder Baugruben. Ganze Straßenzüge waren völlig abgerissen. Die zweispurigen Straßen waren achtspurigen Straßen gewichen. Vier in der Mitte für die Autos und Motorräder, jeweils zwei am linken und rechten Rand für die Fahrräder. Außerdem hatte die Zahl der Autos derart zugenommen, daß man sich als Fahrradfahrer verloren vorkommen mußte. Trotz der Größe der Straßen stand man alle paar Meter im Stau und näherte sich mit lautem Hupen der Kreuzung, auf der ein Polizist völlig überfordert die Hände über dem Kopf zusammenschlug. Er gestikulierte, aber es kümmerte sich niemand darum. Er tat mir leid, weil man ihn eigentlich nicht brauchte und er den ganzen Tag den Qualm und den Lärm der Autos um sich hatte. Ich wollte nicht in seiner Haut stecken. Nach einer Fahrt von etwas mehr als 1 1/2 Stunden hatten wir es endlich geschafft und fuhren am Cvik Hotel vor. Prof. Wang hatte es so arrangiert, daß Helmut zunächst ein Einzelzimmer bezogen und mit mir in eine große Suite umgezogen war, die wir nun zum gleichen Preis zusammen bewohnen konnten. Es liegt sehr zentral, nicht unweit von anderen Hochhäusern, die aber erst in den letzten Jahren gebaut worden waren. Als wir das erste Mal in diesem Hotel waren, gab es neben dem Hotel kleine Hütten, einige Bäume, schmutzige, unbefestigte Lehmwege, die parallel zur Hauptstraße lagen, und in denen die Einwohner mit Handkarren und Fahrrädern fuhren. Heute war davon nur noch wenig übriggeblieben, wie man von unserem Hotelzimmer im zweiundzwanzigsten Stock feststellen konnte. Rings um das Hotel gab es eine Anzahl von Hochhäusern, in denen z.b. die Lufthansa untergebracht war. Das Wetter war diesig und unfreundlich und wenn man zum Fenster hinausschaute, öffnen konnte man es nicht, konnte man kaum den Boden sehen. Was gibt es sonst noch über unser Hotel zu erzählen? Es unterscheidet sich im wesentlichen nicht von guten europäischen oder amerikanischen, also den Hotels von modernen Ketten wie Intercontinental, Hilton, Sheraton. Dennoch gibt es eine andere Atmosphäre in chinesischen Hotels, auch wenn sie zu einer derartigen Ketten gehören. Das geht schon damit los, daß in der Rezeption selbstverständlich Chinesen sitzen bzw. stehen. und Chinesen in europäischer Uniform, die den Pförtnerdienst versehen. An irgendeiner Ecke wird man eine große chinesische Vase finden - zumindest habe ich das in vielen Hotels in China erlebt -, eine große dicke Sisalmatte auf der, je nach Wochentag auf Englisch verschiedene Worte stehen wie "Good Morning" und dann folgt der Wochentag. Nun werden Sie sagen: das ist doch nichts Besonderes, wenn auf den Etagen die Zimmermädchen und die Boys Chinesen bzw. Chinesinnen sind. Doch gibt es noch einige andere Unterschiede. So wird man neben dem normalen Mobiliar in chinesischen Hotels meistens Hausschuhe finden und weiße Bademäntel. Außerdem, und das ist für meine Begriffe sehr wichtig, gibt es praktisch in allen chinesischen Hotels eine große Thermoskanne mit heißem Wasser. Daneben stehen zwei bemalte Teetassen mit Deckel und es liegen einige Teebeutel mit meist grünem Tee neben der Teetasse. Ein freundlicher Service! Weiter findet man eine Kanne mit Eiswasser außer der in allen anderen Hotels auch üblichen Minibar mit Getränken. Über TV empfängt man die üblichen drei bis vier regionalen Programme, außerdem kann man BBC sehen. Helmut will im Commercial Room, in dem es eine uralte Schreibmaschine mit noch manuell bedienbarem Wagen, einen Telefon- und Faxservice gibt, ein paar Faxe versenden. Nachdem er mit der klapprigen Schreibmaschine seine Faxe geschrieben und versendet hat, gehen wir in den Coffee-Shop und trinken zunächst mal zwei große Biere. Das hat uns richtig gefehlt. Ich fühle mich schon nicht mehr so müde und wir beschließen, uns im Friendship-Store umzusehen. Seit 1978 ist es schon fast eine Tradition, diesen Laden zu besuchen. Damals war es ausschließlich Ausländern gestattet, dort ihre Devisen loszuwerden. Heute findet man mehr Chinesen hier. Das Einzige, was sich nicht geändert hat, ist die äußere Fassade. Die beiden Löwen stehen unverändert überdimensional vor dem Eingang, innen findet man im Parterre die Wechselstube. Sicher werde ich sie noch brauchen, aber zunächst will ich mich ein bißchen umsehen. Wir schauen uns im ersten und zweiten Stock bei

CD's und Bücherständen um. Helmut soll wieder einmal Kaschmir-Pullover in den verschiedensten Größen und Farben für Freunde und Bekannte mit Sonderwünschen besorgen. Ich beneide ihn nicht, aber andererseits freut er sich, solche ausgefallenen Aufgaben übernehmen zu können. Meistens bringt ihm aber diese Tätigkeit nicht einmal besonderen Lob und Dank ein, denn abgesehen von der Tatsache, daß alle Freunde glauben, ein Kaschmirpullover koste DM 2,00, muß es auch noch eine besondere hochwertige Qualität sein. Es muß ein besonderer Ausschnitt, in diesem Fall ein V-Ausschnitt sein. Wie erwartet, finden wir natürlich die Pullover, die er mitbringen soll, nicht. Es ist überhaupt fraglich, ob es sinnvoll ist, wenn wir uns hier schon mit allen möglichen Sachen eindecken, die wir dann nach Tibet mitnehmen müssen. Die Einkauferei ist überhaupt das größte Problem bei unseren Chinareisen. Jedesmal kommen wir mit leeren Koffern an und kommen mit einem vollen Koffer, manchmal sogar mit zwei Koffern wieder nach Deutschland. Da hat man tatsächlich Mühe, „nein" zu sagen. Wohl oder Übel landen wir wieder mal in der Abteilung, wo es Cloisonee-Sachen gibt. Vasen, Armreifen, Servietten bis zu Kaffeetassen und -kannen. Von wirklich schönen Sachen bis zum größten Kitsch, große Pferde aus Cloisonee angefertigt. Dann kommen wir in eine Abteilung, die ich mir immer wieder gerne ansehe, obwohl ich genau weiß, daß ich mir die dort ausgestellten Kunstwerke weder leisten kann noch nach Deutschland mitbringen darf. Es handelt sich um

wunderschön geschnitztes Elfenbein, kleine
Buddhafiguren, große Krieger bis zu einer
wunderschönen Dschunke, etwa 1 ,50 Meter groß
und 50 Zentimeter hoch, bei der sämtliche Segel
und alle Figuren aus Elfenbein bestehen.
Der Preis beträgt etwa DM 30.000 bis
DM 40.000. Ich erstehe zwei kleine Snuf-Bottles,
das sind kleine Fläschchen mit zierlichen
Motiven oder Landschaften, die mit einem ganz
kleinen Pinsel von innen seitenverkehrt bemalt
werden. Die Preise sind entsprechend hoch.
Alte Flaschen, die man vor 20 Jahren bekam, sind
heute nicht mehr erhältlich. Wenn man sie im
Antiquitätenviertel findet, dann sind sie
unerschwinglich. Helmut kauft einige Eßstäbchen, die er einer Bekannten mitbringen soll,
und dann gehen wir noch einmal in die
Buchhandlung und schauen uns nach Büchern
um. Besonders angetan haben es mir zwei Tibet-
Bücher, die sogar in Deutsch geschrieben sind.
Dann gehen wir, wie üblich, in die
Musikabteilung und ich kann es nicht lassen,
einige CD´s zu kaufen, obwohl meine ganze
Familie schon stöhnt, wenn ich CD 's mit
chinesischer Volksmusik auflege. Ich habe eben
ein Faible für klassische, chinesische Musik.
Sie klingt so schön romantisch und
melancholisch. So, nun haben wir also den
Friendship-Store inklusive Geldwechsel hinter
uns. Wir verlassen das Hotel und laufen in
Richtung Freemarket, der nicht weit entfernt ist.
Vielleicht gibt es dort etwas, was uns gefällt und
außerdem macht das Verhandeln mit den
Händlern Spaß. Helmut will sich nach den

Kaschmirpullovern umsehen und ich glaube, ich werde dort vielleicht noch einige Snuf-Bottles erwerben können. Am Freemarket angekommen, herrscht wie immer ein Riesenbetrieb. Man schiebt sich durch die engen Stände und Bogengasse und überall wird man von Händlern angehalten, die ihre Waren, d.h. meist Kleidungsstücke anpreisen. Nachdem wir uralte, erst vorgestern hergestellte Mingvasen bewundert und dreihundert Jahre alte Stäbchen in der Hand gehalten haben, kommen wir endlich zu einem Kramladen, in dem es alles gibt, alte Töpfe, Teetassen ohne Deckel, Butterlampen usw. Man kann schwer feststellen, was alt oder neu ist. Im Zweifel ist alles neu, aber auf Antik gemacht. Endlich entdecke ich fünf kleine Snuf-Bottles und ich frage den Verkäufer, was sie insgesamt kosten sollen. Zunächst erklärt er mir, daß jede mindestens 2.700 Yüan wert ist, schließlich erklärt er mir, daß sie alle zusammen 2.500 Yüan kosten sollen. Ich biete 600 Yüan. Das erregt aber offensichtlich den Zorn des Verkäufers und wir verlassen die gastliche Stelle, nachdem wir eifrig vom Verkäufer beschimpft werden. Endlich findet Helmut einen Stand mit Kaschmir-pullovern. Er ist begeistert. Größe, Farbe und alles stimmt. Jeder soll 460 Yüan kosten. Nach langem Feilschen bekommt er endlich alle vier Pullis für insgesamt 1.400 Yüan. Es ist jetzt fast 17.00 Uhr und wir haben die Nase voll. Ich bin noch müde von der vergangenen, durchgemachten Nacht im Flugzeug und wir beschließen, ins Hotel zurückzukehren. Helmut will noch einige Telefonate führen und einen geschäftlichen Termin für den nächsten Tag vereinbaren. Ich habe mich kaum eine Stunde im Hotel hingelegt, als schon unser Freund Prof. Wang von der Pekinger Universität mit seiner Freundin am Zimmer erscheint. Wir gehen dann alle gemeinsam zum Abendessen. Mit von der Partie ist noch der Chauffeur und ein weiterer Kollege. Wir fahren durch das nächtliche Peking, lassen die gesamten Hochhäuser links und rechts an uns vorüberziehen. Wir fahren schließlich durch kleine Gäßchen mit niedrigen Hütten. Die Straßen werden immer kleiner. Sie sind unbefestigt und erinnern mehr an Feldwege. Es gibt auch keine Beleuchtung, und während ich mir noch Gedanken darüber mache, wo es genau hingeht, fallen mir immer wieder die Augen vor lauter Müdigkeit zu.

Schließlich stoppt der Chauffeure in einem dunklen Viertel. Nur an der Reaktion unserer chinesischen Freunde kann ich feststellen, daß wir offensichtlich angekommen sind. Das sogenannte Restaurant ist für Fremde wohl kaum erkennbar. Es gibt weder eine Lichtreklame noch ein großes Schild, und Herr Wang macht uns klar, daß wir in die nächste - ich würde sagen „Hütte" - hineingehen müssen. Innen stellen wir fest, daß es sich um ein großes und geräumiges Lokal handelt. Als wir die Tür aus Bambusstangen aufmachen, befinden wir uns zunächst in einem Vorraum, alle Wände sind mit Bambus ausgeschlagen. Wir kommen dann in einen großen geräumigen Hauptraum mit sehr vielen Tischen. Das Restaurant ist voll besetzt und ein Kellner, der zu uns kommt, erklärt uns, er werde sich umsehen, ob noch ein Tisch für 6 Personen frei sei. Herr Wang erklärt uns, es könne kein Problem sein, er habe bereits einen Tisch bestellt. Während wir noch warten, beobachte ich das Treiben an den Tischen. Vor mir links steht ein Kellner in einer farbenfrohen Volkstracht, der versucht, einer kleinen Schlangen, die sich in einer Schale ringelt und windet, bei lebendigem Leibe die Haut abzuziehen. Er beginnt von hinten, zieht sie hoch, nimmt ein Messer und fängt an, sie zu schälen. Das Blut, das heruntertropft, fängt er in einer Schale auf. Ich kann gar nicht näher hinschauen, weil mir der Ekel hochkommt. Ein zweiter Kellner an einem anderen Tisch versucht, eine kleine Schildkröte zuzubereiten. Er wirft sie auf den Fußboden und tritt mit voller Wucht mit seinem Fuß darauf. Dann reißt er den Kopf und das Hinterteil heraus. Auch er fängt das Blut in einer Schale auf, der Kopf und das Hinterteil landen in einer weiteren Schale. Dann nimmt er eine Art Machete und beginnt damit, den Panzer der Schildkröte aufzubrechen. An den anderen Tischen spielen sich ähnliche Szenen ab, ich wende meine Augen ab. Mir ist der Appetit vergangen. Prof. Wang hat inzwischen weiter mit einem Ober verhandelt über Sitzplätze und ich bin froh, als er mir erklärt, wir müßten noch etwa eine Dreiviertel Stunde warten oder in ein anderes Lokal fahren. Mir gelingt es ohne weiteres, Helmut davon zu überzeugen, daß wir hier wohl nicht richtig aufgehoben sind und daß sich ein anderes Restaurant sicher mehr anbieten würde.

Ich erkläre ihm, daß ich zwar großen Hunger habe, flüstere ihm aber weiter zu, daß ich gar nicht so begeistert von den Zubereitungs- methoden der Speisen bin. Nach einer weiteren Fahrt von etwa einer Dreiviertel Stunde kommen wir vor einem größeren Restaurant in einen anderen Stadtteil an. Es sieht aus wie ein Gewerbegebiet. Seine Ausstattung sieht völlig anders aus als die des ersten exotischen Restaurants. Es macht einen etwas nüchternen Eindruck mit kahlen Wänden. Lediglich die Decke ist mit Bambusstäben verkleidet. Vorne auf einer Art Podium spielt eine kleine Kapelle. Auch hier tragen die Kellner und Kellnerinnen eine Tracht. Das Lokal ist aber offensichtlich nicht so voll wie das erste. Wir finden alle sechs Platz an einem größeren Tisch. In einer Ecke etwas erhöht hängt ein Fernsehapparat und ich sehe, wie die Chinesen gebannt das Fußballspiel VR China gegen Saudi- Arabien verfolgen. Mit großer Begeisterung feiert man die beiden Tore, die innerhalb von 10 Minuten für die VR China fallen. Zunächst bekommen wir alle kleine Schälchen mit grünem Tee serviert. Dann fragt man uns, was wir trinken wollen. Wir sind uns einig, das es erst einmal ein kühles Bier sein könnte. Es schmeckt wirklich köstlich! Das gilt für alle Biere, die wir bisher in China getrunken habe. Eine nett anzusehende Kellnerin schenkt uns aus einer großen Teekanne Tee nach. Wir unterhalten uns über die bevorstehende Tibetreise. Die Reiseroute muß noch festgelegt werden, sonst scheint schon alles organisiert zu sein, so daß wir uns nur noch vom Flughafen abholen lassen müßten und dann mit einem Fahrer und einem Reiseführer das Abenteuer durch Tibet starten können. Plötzlich bringen zwei niedliche Chinesinnen in zwei riesengroßen Schalen die Suppe. Vor uns stehen kleine Eßschälchen mit entsprechenden Suppenlöffeln aus Porzellan und Herr Prof. Wang übernimmt es, jedem die Suppe aufzuschöpfen. Während wir noch bei der Suppe sitzen, füllt sich der Tisch mit einer Reihe von Schalen, in denen Gemüse, Schweinefleisch in dünnen Scheiben, geröstetes Rindfleisch, Spieße mit Zwiebeln und Rindfleisch, Tofu-Bällchen, Schalen mit Bambussprossen, Sojakeimen in den verschiedensten Geschmacksrichtung von scharf bis süß sauer. Am Schluß gibt es, wie üblich, einen großen Topf Reis, der aber, nachdem wir reichlich von den anderen Köstlichkeiten gegessen haben, eigentlich mehr zur Dekoration dasteht. Während des Essens werden wir permanent mit Darbietungen vorne auf der Bühne unterhalten. Abgesehen von dem kleinen Orchester hören wir ab und zu eine Soloeinlage einer Flöte oder einer Panflöte. Ab und zu tanzt ein hübsches chinesisches Mädchen in einer Volkstracht zu den Klängen. Die Freundin von Herrn Prof. Wang hat gerade zwei Zähne am Vormittag gezogen bekommen und deshalb Schwierigkeiten mit dem Reden und der Chauffeure sagt sowieso nicht viel. Nach dem Essen verständigt sich Herr Wang mit der Bedienung und innerhalb von kürzester Zeit haben wir einen großen Becher mit einer milchigen Flüssigkeit vor uns entstehen.

Es stellt sich heraus, daß es sich offensichtlich um einen Bambus-Schnaps handelt. Er schmeckt süßlich und brennt im Hals. Kaum haben wir ihn ausgetrunken, haben wir auch schon das zweite Glas vor uns stehen. Ich nehme an, daß wir heute Nacht gut schlafen werden. Zum Abschluß kommt ein Mädchen mit einer großen Schale Wasser, sie taucht ihre Hand ein und bespritzt uns alle mit Wasser. Die Freundin von Herrn Wang hat danach einen ganz nassen Rücken. Alle Leute freuten sich, nur mir und Helmut war völlig unklar warum. Inzwischen ist es kurz vor zwölf Uhr nachts und wir fahren zum Hotel zurück. So ganz wohl ist mir nicht, offensichtlich war das Essen doch so fett, daß ich jetzt den Magen oder die Galle spüre. Ich schlafe sehr unruhig und wache dauernd auf, denn neben mir im Zimmer sägt Helmut einige Bäume ab. Beim Schlafen ist Helmut ein echtes Phänomen. Ich habe selten Menschen gesehen, die so schnell einschlafen können. Man kann ihn in eine Ecke zu stellen und sagen: „Schlaf!" Dann schläft er innerhalb von 10 Sekunden ein und wacht nach einer viertel Stunde Tiefschlaf völlig ausgeruht wieder auf.. Er kann in jeder Lebenslage schlafen und dies auf Kommando. Ich beneide ihn darum, denn mir fällt es sehr schwer einzuschlafen und ich habe einen sehr leichten Schlaf. Wir beschließen, gegen 6.45 Uhr aufzustehen, denn wir müssen noch einige Sachen erledigen. Neben dem Einkauf stehen auch noch Treffen mit verschiedenen Geschäftspartnern bevor, so daß der Tag ganz ausgefüllt sein wird, bevor wir Abends Richtung Tibet aufbrechen werden.

## Einkaufsbummel in Peking

Die Zeichen stehen auf Sturm. Ein ereignisreicher Tag kann beginnen. Wir werden um 7.15 Uhr geweckt, Helmut verschickt einige Faxe, während ich noch unter der Dusche bibbere. Wir treffen uns um 9.20 Uhr unten im Coffee-Shop zu einem großen Büffet mit Rührei, Würstchen, Schinken und Speck, kleinen Frühlingsröllchen, Kuchen und exotischen Früchten, wie Ananas, Melone oder Lychees. Genüßlich schlürfen wir unseren Tee und machen uns danach direkt auf den Weg zu unseren geschäftlichen Treffen. Das Wetter ist schön. Es sollen im Laufe des Tages noch 23 bis 26 Grad werden. Wir haben noch einige Geschäftstermine und wollen den Tag mit einem sonnigen Stadtbummel ausklingen lassen. Helmut feilscht mit einem, ihm bekannten Händler um ein Amulett aus Jade. Ich gehe für ihn zu einer benachbarten Bank, um Geld zu wechseln. Auf dem Rückweg finde ich Helmut nicht mehr wieder. Er befindet sich nicht mehr in dem Laden . Ich irre ziellos durch die Stadt. Die alten Häuser, an denen ich mich noch hätte orientieren können, sind abgerissen und durch Hotels oder Hochhäuser ersetzt worden. Ich beschließe dann zum vereinbarten Treffpunkt zu gehen. Dort erwarten mich Helmut und Prof. Wang mit Fahrer und Auto. Nun wird es aber höchste Zeit zu packen. Helmut hat nur seine Jeans aus der Reinigung noch nicht zurück. Er wird sie später einpacken. Prof. Wang hat inzwischen die Buchung des Fluges nach Lhasa klar gemacht. Da wir noch Zeit haben bis zur Abfahrt zum

Flughafen, beschließen wir zu einem Antiquariat zu fahren, sehen aber dort keine interessanten Bücher, bis uns Prof. Wang auf eine echte Rarität hinweist. Er hat zwei alte Bücher mit Zeichnungen aus dem 18.Jahrhundert entdeckt, die den Besuch der ersten Europäer in China zeigen. Ich kaufe die beiden Bücher und ein Buch über die Geschichte der Han-Zeit und die Regeln des Buddhismus. Helmut ersteht einen Pinselhalter und zwei Pinsel für Tuschmalerei. Er sucht aber noch immer – wie bei jeder Reise- ein Tang- Pferd. Bisher hat ihm noch keines richtig gefallen und wenn es schön war, dann war es zu teuer. In einem anderen Buchladen kaufen Helmut Bildbände über Tibet. Wir sind ganz begeistert von den herrlichen Aufnahmen. Vom Antiquitätenviertel aus fahren wir direkt zum Flughafen. Das Gepäck haben wir schon vom Hotel aus mitgenommen. Es ist jetzt kurz nach 16 Uhr und wir fahren an der alten Stadtmauer von Peking entlang, vorbei an alten Hütten, die kurz vor dem Abriß stehen. Unser Flug geht nicht direkt nach Lhasa sondern zunächst nach Chengdu, wo wir übernachten werden. Wir sollen um 18.45 Uhr abfliegen und werden gegen 22.30 Uhr da sein. So ist es jedenfalls geplant! Am Flughafen – es ist noch der alte Flughafen – geht es wie immer drunter und drüber. Nach Einchecken und den üblichen Kontrollen des Gepäcks und der Person gelangen wir endlich zu den Flugsteigen. An welchem Flugsteig es los geht, ist völlig offen. Anzeigen gibt es nur in Chinesisch und diese wechseln auch alle paar Minuten. Helmut geht zur Information und kommt mit der Auskunft wieder, der Flug nach Chengdu gehe von Gate 14 los. Neben mir sitzt ein Deutscher, der nach Xian will. Er fragt mich, nach dem Flugsteig, da es auch für Xian keine Anzeige gibt. Plötzlich setzen sich alle, die Laufen können, in Bewegung. Mann und Maus strömt zu einzigen Ausgang, der besetzt ist. Alle Deutschen einer Gruppe nach Xian setzen sich in Bewegung und alle Chinesen aus allen Warteräumen. Wir laufen ebenfalls mutig zum Ausgang. Das Personal wird uns, wie wir hoffen, schon den richtigen Weg weisen. Helmut fragt wieder die Chinesen, die die Bordkarte abreißen, aber diese nicken nur. Also gehen wir an Bord, so wie die Deutschen nach Xian auch. Der Flug verläuft normal. Das Essen ist scheußlich, ich habe noch nie so schlecht gegessen an Bord eines chinesischen Flugzeugs. Es gibt Brot und Kuchen und eine fette Wurst dazu, Cola und Sprite in Dosen und Tee. Es gibt offensichtlich nur einen Servicewagen an Bord, der Abfall wird in großen Säcken abtransportiert. Die Stewardessen kommen nicht durch die Gänge, denn es ist alles mit Kästen, Koffern und Kartons zugestellt. Helmut schläft tief und wacht erst kurz vor der Landung auf. Aus dem Lautsprecher erfahren wir jetzt, daß wir in Xian gelandet sind und alle aussteigen müssen. Wir werden in den Transitraum beordert. Nach etwa 4o Minuten erhalten wir neue Bordkarten ohne Sitznummern. Es gibt ein ungeheures Gedränge der mit Ballen, Pakten und beladenen Chinesen und Tibeter. Endlich sitzen wir auf irgendwelchen Plätzen. Neben uns ist das reinste Chaos. Überall liegen Pakete, Ballen und

Kisten. Der Chinese neben mir sitzt da wie ein Cowboy beim Einreiten eines jungen Pferdes. Mit den breiten Beinen steht er mir dauernd auf den Füßen. Der Gang ist voll besetzt und die Stewardeß kommt dem einzigen Getränkewagen, einem zerbrechlichen Gefährt nicht durch. Abfälle werden gleich an Bord in einen Müllsack entsorgt. Hier gibt es nichts zu essen, sondern nur eine Cola pro Person. Es ist heiß und stickig an Bord unserer Tupolew. Wir sind froh, als das Flugzeug mit mehr als drei Stunden Verspätung endlich in Chengdu landet. Nach der Landung – es ist kurz nach Mitternacht – gehen auch die letzten Lichter auf dem Flughafen aus. Wir holen unser Gepäck vom Rollband und wenden uns zum Ausgang. Dort nimmt uns unser Reiseführer in Empfang. Er ist nur für die wenigen Stunden in Chengdu für uns zuständig, d.h. er wird uns zum Hotel bringen und heute Nacht wieder abholen. Er spricht recht gut deutsch. Wir verstauen alles in einem Wagen, der von unserem Führer samt Fahrer herbei gewunken wird. Wir müssen auf der rechten Seite einsteigen, da die hintere linke Tür nicht aufgeht. Dann geht es los. Es ist nicht nur stockdunkel sondern dazu noch so neblig, das man die Hand nicht vor Augen sehen kann. Dennoch rast unser Fahrer mit Höchstge-schwindigkeit durch die Straßen. Dann gibt es ein großes Palaver auf den vorderen Plätzen, weil wir beinahe einen parkenden Lastwagen gerammt hätten. Der Führer erklärt uns aber , eine Gefahr sei nicht vorhanden, der Fahrer habe keine Probleme. So ganz überzeugt sind wir nicht, schon gar nicht als wir zum Stillstand kommen, weil vor uns zwei Taxis in einander gefahren sind. Wir kommen endlich am Chengdu-Hotel, einem neuen Hochhaus, an. Wir betreten die schöne, große Hotelhalle und gehen gleich in unser Zimmer. Wir haben jeder ein Einzelzimmer mit Bad und allen Extras, wie Kannen mit heißem Wasser und Eiswasser, Bademäntel und Hausschuhe. Ich gehe gleich ins Bett, denn die Nacht ist kurz. Dennoch schlafe ich lange nicht ein.

## Lhasa zum Anfassen

Als ich gegen 3.30 Uhr aufwache, ist es stockdunkel in unserem Zimmer und ich weiß, daß das Abenteuer bereits begonnen hat. Der erste Teil unserer Reise liegt bereits hinter uns. Wir befinden uns in Chengdu und müssen gegen 5.00 Uhr zum Flughafen fahren. Gar nicht so einfach, einigermaßen wach zu werden. Da hilft nur Schocktherapie! Ich stelle mich also in dem wirklich schönen Badezimmer unter die eiskalte Dusche und danach geht es mir schon etwas besser. Aus der großen Thermoskanne schütte ich mir heißes Wasser in die Teetasse und hänge einen Beutel grünen Tee hinein. Nach drei Tassen Tee ist auch das flaue Gefühl im Magen vorbei. Gegen 4.15 Uhr geht das Telefon und ich werde in chinesischer Sprache nochmals geweckt. Daraufhin gehe ich zu Helmuts Zimmer und wecke ihn. Um 4.50 Uhr packen wir unsere Koffer und gehen zum Fahrstuhl und warten dann unten in der verlassenen Halle. Wenig später erscheint auch unser chinesischer Reiseführer und bringt uns in einem Taxi durch die menschenleere Stadt zum Flughafen. Wir sind froh, daß er das Einchecken für uns besorgt, da alle Schalter lediglich chinesische Aufschriften haben und wir den Flugschalter nach Lhasa vermutlich nie gefunden hätten. Helmut hat spaßeshalber unseren Führer gefragt, ob das Personal hier auch Englisch versteht. Unser Führer hat uns nur verständnislos und verdutzt angelächelt. Offensichtlich ist allein die Vorstellung, daß ein Chinese in Chengdu am Schalter einer

Fluggesellschaft Englisch sprechen könnte, völlig absurd. Nachdem wir durch die Sicherheitskontrolle gegangen sind, kommen wir in einen größeren Warteraum mit Plastikstühlen. Auffallend ist ein großer Bottich mit heißem Wasser und einem Wasserhahn. Vor ihm stehen Chinesen, die mit Marmeladengläsern, Fläschchen und großen Gläsern heißes Wasser abzapfen. Sie werfen Blätter in das Wasser und bereiten sich vermutlich ihren grünen Tee zu. Zum Umrühren nehmen sie die Finger und verbrennen sich, so heiß ist das Wasser. Andere haben vorsichtshalber ein Eßstäbchen mitgebracht. Diese Gewohnheiten lassen uns schmunzeln. Im Warteraum befinden sich nur wenige Ausländer, zwei arabische Mädchen, ein Mann mit Rucksäcken, außerdem eine Gruppe von 10 Amerikanern und etwa 10 Italienern. Sonst sieht man Chinesen und Tibeter mit Gepäckstücken, die in Europa und Amerika wohl niemals als Handgepäck durchgehen würden. Selbst bei der Aufgabe des Gepäcks hätten wir bei der Größe und Unförmigkeit Probleme bei der Abfertigung. Kisten, Säcke, Pakete stehen neben den chinesischen Reisenden oder Tibetern. Alles ißt und trinkt. Wer sich keinen Tee zubereitet, gießt heißes Wasser in 20 Zentimeter große Plastikbehälter, in denen Nudeln mit Fleischeinlage oder Gemüse schwimmen, wie man sehen kann. Wer auf den Sitzen keinen Platz findet, sitzt auf seinen Paketen, Kästen oder Säcken und schaufelt mit Stäbchen oder den bloßen Händen das Essen hinein, daß es nur so eine Freude ist. Auch wir bekommen so allmählich Appetit und packen das Lunchpaket, daß uns das Hotel mitgegeben hat, hungrig aus. In diesem Lunchpaket befinden sich ein hartgekochtes Ei, etwas Kuchen, eine Päckchen Apfelsaft und eine Tüte mit sehr fetten Schweinefleischstückchen. Das mutet für uns Europäer seltsam an. Das Fleisch rühren wir nicht an, wir wollen einigermaßen sicher den Flug überstehen. Auch von der Tüte mit den klebrigen Rosinen kosten wir nur ein bißchen. Das Besteck fehlt. Da wir alles mit den Fingern essen müssen, ist die Frage, wo wir unsere Finger wieder säubern können. Gott sei Dank haben wir noch einige Erfrischungstücher vom Flug von Peking nach Chengdu einstecken. Endlich bewegt sich alles Richtung Ausgang. Die Ansage auf Chinesisch ist nicht zur verstehen und so folgen wir einfach dem Menschenstrom Richtung Flugzeug. Zu unserem Erstaunen bewegt sich der Großteil der Fluggäste nicht zu einer russischen Tupolew wie gestern, sondern zu einer modernen Boeing 757. Heute fliegen wir wieder mit der China Südwest Airlines. Klasse! Wir werden von chinesischen Stewardessen mit hellblauen Kostümen und einer weißen Schürze empfangen. Offensichtlich befindet sich das Flugzeug auf dem neuesten Stand, denn nach dem Start werden mittels der heruntergeklappten Fernsehbildschirme in Chinesisch und in Englisch die Sicherheitshinweise gegeben. Dies kommt völlig überraschend für uns, denn auf dem Flug von Peking nach Chengdu gab es nicht die geringsten Erklärungen zur Sicherheit im Flugzeug.

In der ersten Dreiviertel Stunde tut sich nichts
Aufregendes, das scheint aber einige tibetische
Fluggäste zu stören. Vermutlich haben sie soviel
Hunger, daß sie beschließen, sich nicht auf den
Service an Bord zu verlassen, sondern sich selbst
etwas zu kochen. Aufmerksam werden wir und
offensichtlich auch die Stewardessen, die bereits
einen langen dunkelroten Kittel über Rock und
Bluse zum Servieren gezogen haben, erst, als sich
drei Tibeter mit einem Wok im Gang des
Flugzeuges hinsetzen und mit Yakfett einheizen
wollen. Offensichtlich halten sie nicht viel vom
Essen an Bord und treffen ihre Vorbereitungen,
sich ihre eigene Mahlzeit zu kochen. Nur mit
Mühe können sie im letzten Augenblick von zwei
Stewardessen davon abgehalten werden, mit Hilfe
von Papier und einigen Holzstücken ein Feuer
unter dem Wock zu entfachen. Aber die übrigen
Mitreisenden und auch die übrigen Stewardessen
sind scheinbar nicht so außerordentlich
beunruhigt wie ich, der ich von meinem Sitz aus
diesem höchst interessanten, aber doch sehr
riskanten Vorhaben zusehen kann. Die Tibeter
sind sehr erstaunt, daß man etwas gegen die, für
sie völlig natürliche Art des Feuermachens im
Flugzeug hat. Sie beruhigen sich dann aber
langsam wieder, nachdem die Stewardessen auf
sie eingeredet haben und setzen sich wieder auf
ihren Platz. Endlich bringen die Stewardessen die
Tabletts mit dem Essen. Es besteht aus einem
Brötchen, einem Stück Kuchen, einem weiteren
kleinen runden Küchlein und zwei Stücken
kaltem geräucherten Fisch mit einem Salatblatt
und einigen sehr dünnen kleinen Eirollen sowie

Marmelade. Mit einem kleinen Servierwagen bahnen sie sich ihren Weg und bieten Wasser aus einer etwa zwei Liter großen Flasche sowie Cola und Tee an. Cola ist nicht nur in Restaurants, sondern auch hier an Bord das begehrteste Getränk. Es gibt wohl keinen der Reisenden, der nicht seinen Pappbecher mit Cola vollgießen läßt. Mit dem Essen haben die Chinesen an Bord, insbesondere die Tibeter, einige Probleme. Mein Nachbar zur Linken ißt sehr unkonventionell. Zunächst spießt er das Brötchen auf die Gabel und beißt dann immer wieder Stücke ab. Als besonderer Akrobat erweist er sich beim Essen des Küchleins. Er nimmt Messer und Gabel wie zwei Stäbchen und legt das Küchlein zwischen Messer und Gabel hält es dann hoch und beißt dann von dem Küchlein ab. Da aber Messer und Gabel dann doch anders funktionieren als Stäbchen, hat das zur Folge, daß die Überreste mehr auf des Nachbars Schoß liegen. Ich bin froh, daß es nur der Trockenkuchen und nicht der Fisch ist, der zweimal auch auf meiner Hose landet. Der Nachbar lächelt mir zu und freut sich sehr darüber. Natürlich, wie sollte es anders sein! Helmut und ich trinken Yasmintee, der wirklich ausgezeichnet ist. Zwischendrin läuft er immer wieder einer Stewardeß hinterher, um noch eine Ladung Tee zu erhaschen. Wenn ich mir eingebildet habe, daß das Abenteuer mit dem Wok und meinem essenden Nachbarn alles ist, was so an Bord passieren kann, so muß ich mich nach kurzer Zeit eines Besseren belehren lassen. Vorne rechts vor dem Notausgang sitzt ein Tibeter, dem der Hebel der Tür bzw. seine

Stellung nicht recht gefällt. Also geht er zur Tür und probiert, den Hebel in eine andere Richtung zu bewegen. Vielleicht will er auch etwas Luft schnappen und versucht deswegen mit aller Gewalt, die Tür aufzustemmen. Gott sei Dank gelingt ihm das auf Anhieb nicht und so wird er nach einigen Fehlversuchen von einer Stewardeß an seinen Platz geleitet. Ich frage mich, ob hier gerade ein James Bond-Film gedreht wird. Hier oben lebt man gefährlich! Kurze Zeit beobachte ich ihn bei einer weiteren, mir ungewöhnlich erscheinenden Aktion. Er steht auf und hantiert an der Decke, hat sich wohl vorgenommen, alle Funktionen des Flugzeugs genau auszukundschaften. Kaum aus den Augen verloren, taucht er glücklich und in voller Größe, geschmückt mit einer Sauerstoffmaske wieder auf. Stolz drückte er sie auf Mund und Nase und zeigt seine neue Errungenschaft seinem Freund. Dabei muß er wohl etwas zu sehr an dem Schlauch gezogen haben, denn er hält plötzlich Schlauch und Maske getrennt in seinen Händen. Den genauen Fortgang konnte ich nicht weiter beobachten, weil eine Stewardeß völlig entnervt einschritt. Die Arbeit der Stewardessen an Bord grenzte zumindest bei diesem Flug schon an Schwerstarbeit. Es sind aber nicht etwa die Tabletts so schwer, vielmehr müssen die Stewardessen einen wahren Hindernislauf bewältigen und den Wagen mit den Getränken alle zwei Meter über die großen Pakete, Rucksäcke und andere unförmige Gegenstände hinüberheben. Die Reisenden selbst, fast ausschließlich Tibeter und einige wenige

Chinesen, uns zwei Langnasen einmal nicht
mitgerechnet, haben auf ihrem Schoß mindestens
zwei Gepäckstücke, so daß man den Passagier
vom Gang her nicht sehen kann. Außerdem
befindet sich noch Gepäck vor den Füßen eines
jeden Reisenden. Mir gelingt es nur mit Mühe,
meine Beine irgendwo abzustellen, da mein
Nachbar auch den Fußraum unter meinem Sitz
oder vor meinen Sitz mit Paketen in Anspruch
genommen hatte. Der Blick, den man mit Mühe
links oder rechts durch die Fenster erhaschen
kann, zeigt hohe verschneite Berge, strahlend-
blauen Himmel, und man hat den Eindruck, als
wenn das Flugzeug entweder zwischen den
Bergen hindurch oder immer über einzelne
Bergmassive hinüberflöge. Kurz vor neun
kommen wir planmäßig in Lhasa an.

Beim Aussteigen aus dem Flugzeug hat man den
Eindruck, als wenn die Landebahn auf einer
Hochebene zwischen den Bergen eingebettet
liegt, denn rundum befindet sich ein Kranz von
hohen Bergen. Nachdem das Flugzeug endlich
zum Stillstand gekommen und die Rolltreppe an
das Flugzeug herangerollt worden ist, steigen alle
aus. Es scheint, als sollten sämtliche Häuser
Tibets neu ausgestattet werden. Beim Einstieg
hatte ich nicht so darauf geachtet. aber nun
bestätigt sich, was ich schon während des Flugs
teils beobachtet, teils geahnt hatte, was Tibeter
unter Handgepäck verstehen. Pakete in einer
Dimension 1,50 Meter mal 1,50 Meter,
Rucksäcke in gleicher Größe, zusammen-
geschnürte große Ballen werden von ihren

Eigentümern zum Ausgang geschleppt oder gewuchtet. Wir sitzen ziemlich weit hinten im Flugzeug, so daß wir erst das Flugzeug verlassen können, nachdem alle anderen sich mit Ihrem Umzugsgut die Rolltreppe hinuntergewälzt haben. Es erwartet uns ein strahlend-blauer Himmel, Sonnenschein und Temperaturen von etwa 10 Grad. Wir schreiten gemächlichen Schrittes die Gangway hinunter. Unsere Taschen, die wir als Bordgepäck für Europa und den Rest der Welt als gigantisch eingestuft hätten, und mit denen wir bei verschiedenen Flügen Probleme gehabt hatten, weil sie angeblich zu groß waren, nehmen sich hier zierlich aus. Wir schämen uns fast, mit so kleinem Handgepäck an Bord gegangen zu sein. Wie wir es gewohnt sind, begeben wir uns mit forschem Schritt über das Rollfeld zum Eingang des Flughafengebäudes. Doch bereits nach etwa 10-15 Metern sind wir beide atemlos. Erstmals bekommen wir die große Höhe zu spüren, ein Phänomen, das uns auch in den nächsten Tagen noch zu schaffen machen sollte. Wir gehen langsamer und gelangen in dem schmucklosen Flughafengebäude zu dem Förderband, auf dem unser Gepäck ankommen soll. Auf dem Rollfeld steht unser Flugzeug allein und verloren, weitere Flugzeuge sind nicht zu sehen. Wenn man auf das Rollfeld schaut, kann man ringsum die grauen Gebirgsketten des Himalaja sehen, die die gesamte Hochebene des Flughafens umgeben. Majestätisch!

Nach einiger Zeit bewegt sich das Förderband und eine große Anzahl von Gepäckstücken wird sichtbar. Koffer gibt es nur von wenigen Chinesen und uns Ausländern. Die normalen Gepäckstücke der Tibeter und Chinesen bestehen meistens aus großen Pappkartons, mehrfach verschnürt, aus Ballen, die in Militärplanen eingehüllt sind und mit Schnüren und Drähten zusammengehalten werden. Auch Werkzeug wie ein Spaten, zwei Schaufeln und eine Spitzhacke fahren auf dem Förderband an uns vorüber. Wie originell! Einige Kisten sind an der Seite aufgerissen. Offensichtlich hat jemand Flaschen mit Mineralwasser in großer Menge eingeführt. Es sind bestimmt um die 100 Flaschen. Endlich kommt unser Gepäck, wie stellen es auf einen der eher seltenen Gepäckwagen und begeben uns in Richtung Ausgang in der Hoffnung, daß uns irgend jemand abholen wird. Es ist jetzt 9.30 Uhr.

Am Ausgang erwartet uns ein kleiner Tibeter, der nicht mehr als 1,6o m groß, dafür aber sehr freundlich ist und uns anspricht, ob wir von Herrn Prof. Wang geschickt worden seien. Er spricht ein sehr einfaches Englisch, was auch mir die Verständigung einigermaßen ermöglicht. Ruhig und gelassen erklärt er uns, daß wir an dieser Stelle warten sollten. Dann ist er weg und wir sind allein. In der Ferne sieht man einen Platz, auf dem drei Autos geparkt sind. Zu einem dieser Fahrzeuge begibt sich unser Tibeter – es handelt sich um einen Landrover älteren Baujahres. Danach setzt sich der Wagen in Bewegung und nach kurzer Zeit hält er bei uns, den einzigen Menschen, die nach Ankunft des Flugzeuges auf dem gesamten Flugplatz zu sehen sind. Der nette Tibeter, unser Reiseführer, wie wir erfahren, stellt uns unseren Fahrer vor, er heißt Dao Ba, und wird uns gemeinsam mit ihm in den nächsten Tagen begleiten. Das Gepäck wird verladen und wir machen uns auf den Weg nach Lhasa. Unterwegs erzählt uns unser Reiseführer Bubu, daß er 7 Jahre als Mönch in einem Kloster in Lhasa gelebt hat. Er hat zunächst lange Zeit nach seinem Klosterleben bei der staatlichen Reisegesellschaft gearbeitet und diese Tätigkeit aufgegeben, als sie sich immer stärker an den Interessen Chinas orientiert hat. Heute vertritt er eine Gesellschaft, die mehr auf den Dalai Lama ausgerichtet ist. Nachdem wir den Flughafen hinter uns gelassen haben, fahren wir über eine befestigte Straße, die in erstaunlich gutem Zustand ist, durch ein großartiges Gebirgspanorama am Brahmaputra entlang. Siedlungen findet man hier nur sehr selten. Die Dörfer bestehen meistens aus einer Anzahl von 10-20 Häusern, rundherum eingezäunt durch eine große Lehmmauer. Auch die Häuser sind zumeist aus Lehm gebaut und haben ein Strohdach. Während der ganzen Fahrt sehen wir nur wenig Menschen. Ab und zu sieht man einen Bauern mit einem Yak und einem Pflug über ein Feld gehen und die Wintergerste säen. Auf der Straße kommen uns buddhistische Mönche mit ihrem safrangelben Rücken entgegen. Interessant ist, daß das Hupen offensichtlich das Wichtigste beim Autofahren in Tibet ist. Überholt man ein Auto hupt man, das überholte Fahrzeug hupt ebenfalls. Kommt einem ein Auto entgegen, geschieht es genauso, ohne

daß es einen nachvollziehbaren Grund gibt.
Helmut und ich schmunzeln. Hier gehen die
Uhren anders. Lange Zeit fahren wir am
Brahmaputra entlang, der hier ein sehr großes,
weites Flußbett hat. In der Regenzeit oder der
Zeit der Schneeschmelze ist das ganze Tal mit
Wasser gefüllt, jetzt aber ist der Fluß nur sehr
schmal und an den großen Kiesflächen links und
rechts des Flusses kann man nur erahnen, wie
groß der Fluß sein muß, wenn Wasser aus den
Quellgebieten herunterstürzt. Wir befinden uns
auf einer großen Ebene, ringsum sieht man das
großartige Gebirgspanorama. Hier ist die Straße
mit frischen Birken bepflanzt, ansonsten gibt es
keinen einzigen Baum oder Strauch. Die Landschaft unter dem tiefblauen Himmel ist karg, die
Farben der völlig kahlen Berge wechseln von
braun über beige und grau. Tiefe Rinnen und
Riefen ziehen sich von oben nach unten. Die
Verwitterungen haben durch den ständigen Wind
neben Geröllhalden riesige Sanddünen aufge-
türmt. Es gibt kaum Pflanzen, meist nur Flechten.

Wir fahren durch eine Hochebene von 3.6oo
Meter Höhe. Die Straße ist asphaltiert, hat aber
keine Seitenbegrenzungen. Man sieht auch kleine,
künstlich angelegte Bewässerungskanäle entlang
der Straße, die das Wasser zu den Feldern aus
dem Brahmaputra leiten. Jedes noch so kleine
Stück fruchtbarer Erde wird genutzt. Ein Bauer
pflügt mit einem Gespann aus zwei Yaks den
Boden. Der Pflug besteht aus zwei, im rechten
Winkel mit einem Seil verbundenen Ästen, deren
einer Teil in den Boden gebracht wird und zum

Aufreißen der Schollen benutzt wird. Am Hang mitten im Geröll steht ein einsames Yak und schaut verloren in die Ferne. Menschen sind weit und breit nicht zu sehen. Wir staunen und fahren von einem Talkessel in den anderen. Man hat den Eindruck, man sei völlig von Bergen umgeben. Wenige Pkws begegnen uns, meist sind es die Lkws in ihrer typischen hellblauen Farbe, die bereits mehr als dreißig Jahre und mehr alt sind. Wir halten ab und zu an und filmen die ersten Eindrücke von Tibet. An einem kleinen See oder Seitenarm des Brahmaputras machen wir Halt. Er liegt links neben der Straße an einem großen Felsblock von ca. 5o Meter Höhe. In den Felsen gehauen und bemalt ist ein Buddhabildnis. Es handelt sich um einen Naturbuddha aus dem 11. Jahrhundert., er trägt ein leuchtend rotes Gewand und hat blaue Haare. Ursprünglich war er nur aus dem Felsen herausgehauen worden, später wurde er dann bemalt. Links neben ihm steht eine kleine Gruppe von Figuren, die ebenfalls aus dem Felsen herausgearbeitet und bemalt sind, die Götter des langen Lebens. Vor der Gruppe haben Pilger kleine Stöcke aufgestellt, an denen blaue, weiße, gelbe, grüne und rote Fähnchen hängen für die fünf Elemente. Immer wieder halten Lastwagen oder Pkws an dem Heiligtum. Pilger steigen für kurze Zeit aus, gehen von der Straße einen kleinen Weg etwa 10 Meter zu dem Heiligtum hin und verbeugen sich. Einige stellen Butterlampen auf oder gießen etwas flüssige Butter in die dort stehenden Buttergefäße.

Danach fahren die Fahrzeuge weiter. Auf der Spitze eines Berges sieht man die Reste eines Klosters. Der Straßenzustand wechselt häufig, mal ist die Straße asphaltiert, dann fahren wir auf einer Schotterstraße. Während wir etwa eine halbe bis dreiviertel Stunde auf der linken Seite des Flusses entlang gefahren sind, taucht plötzlich vor uns eine große Brücke über den Brahmaputra auf. Die Brücke ist bewacht von chinesischen Soldaten, die sowohl auf beiden Seiten der Brücke, als auch in der Mitte der Brücke postiert sind. Kurze Zeit später begegnen wir einem chinesischen Militärkonvoi aus etwa 15 Fahrzeugen, 10 Lkws und fünf Jeeps. In größeren Abständen begegnen wir kleineren dieser Konvois. Bereits am Aussehen kann man die Chinesen von den Tibetern unterscheiden. Die Tibeter zeichnen sich zunächst darin aus, daß sie durchweg zu uns, und das können wir in den nächsten Tagen des öfteren erleben, äußerst freundlich sind und uns mit einem Lächeln auf unsere Fragen Antwort geben. Unser Reiseführer Bubu beantwortet uns unsere vielen Fragen bereitwillig, ausführlich und freundlich. So erklärt er uns, daß der Brahmaputra einer der vielen großen Flüsse in Asien ist, der in Tibet entspringt. Neben ihm entspringen in Tibet der Ganges, der Yangtse, der Mekong und viele kleine andere Flüsse. Das Wasser des Brahmaputra ist - so erklärt unser Reiseführer - sehr kalt, andererseits sehr fischreich. Angler sehen wir aber am Fluß nicht. Überhaupt ist das Gebiet nur sehr dünn besiedelt. Viele Dörfer sehen wir während der Fahrt vom Flughafen nach Lhasa nicht. Sie liegen in großen Entfernungen voneinander. Großen Verkehr darf man auf den

Straßen hier nicht erwarten. Meistens sind es Lastwagen oder klapprige Busse, die durch die Landschaft fahren und Menschen und Waren transportieren. Ab und zu sieht man ein Motorrad mit einem Tibeter oder einem Chinesen über die Straße fahren. Wir überholen Karren, die von Yaks gezogen werden, auf denen ein Bauer Stroh oder Lehmziegel fährt. Die Sonne strahlt warm vom Himmel herab. Die Hitze spüren wir, insbesondere wenn wir aussteigen. Wir ziehen unsere Anoraks aus. Allmählich sehen wir in der Ferne eine größere Stadt. Unsere Ankunft in Lhasa verläuft vollkommen anders, als ich es mir vorgestellt habe.

Am Ortseingang bin ich völlig enttäuscht. Die Straße, die bis jetzt zwar holprig, aber in den meisten Teilen asphaltiert war, endet plötzlich in einem Schotterweg. Es handelt sich um eine Umleitung, die an einem Kieswerk entlang führt. Wir müssen die Fenster zumachen, da der Staub, der in der Luft liegt, so dick ist, daß man kaum atmen kann. Die gesamte Luft ist weiß-grau, gerade so, als würde man durch einen dicken Nebel fahren. Unser Auto und auch die uns entgegenkommenden Lastwagen holpern durch die riesengroßen Schlaglöcher und wir schleichen, wenn wir nicht gerade wieder mal stehen, langsam an dem Kieswerk vorbei. Endlich haben wir die Baustelle hinter uns. Es wurde auch Zeit. Nun kommen wir auf eine asphaltierte Straße. Nach einer kurzen Rechtskurve landen wir plötzlich auf einer riesengroßen, vierspurigen Allee mit Bäumen in

der Mitte, die die beiden Fahrbahnen abteilen.
Auf beiden Seiten liegen Kasernen. Es handelt
sich hier wohl um den modernen Teil von Lhasa.
Nach etwa 500-600 Metern sehen wir an beiden
Seiten kleine Kioske und Buden, an denen alles
Mögliche verkauft wird. Kleine Garküchen, die
wir schon von China her als billige und schnelle
Möglichkeit für ein exotisches Essen
kennengelernt haben, sind zu sehen, daneben
Handwerker, die Töpfe aus Blech und Eisen
verkaufen. Weiter hinten steht ein Händler, der
Lederwaren anbietet. Man sieht ein buntes
Treiben. Die Straße macht einen sehr sauberen
Eindruck. An der rechten Seite stehen einige
große Gebäude. Es handelt sich um
Regierungsgebäude oder irgendwelche Verwal-
tungsstellen. Wir biegen nach rechts ein und
kommen dann zu einem großen Platz, an deren
rechter Seite das „Hotel Lhasa" liegt.

Es ist nach Auskunft des Reiseführers das
schönste Hotel in Lhasa selbst, obwohl es von
außen keinen besonders einladenden Eindruck
macht. Es handelt sich um einen unscheinbaren
großen Kasten mit einem Springbrunnen davor.
Die riesige Vorhalle des Hotels macht einen
völlig anderen Eindruck. Sie ist mit Sitzgruppen
ausgestattet, an den Wänden sieht man Reliefs
und es hängen einige bunte, sehr schöne
Thangkas, auf Leinwand gemalte und mit Stoff-
und Brokat applizierte Bilder. Gleich am Eingang
werden wir vom Chef der tibetischen
Reiseorganisation begeistert begrüßt. Er schüttelt
uns die Hand und läßt sie nicht mehr los, schlägt

uns auf die Schulter, als wenn wir uns schon
Jahre lang kennen würden. Dann begleitet er uns
zur Rezeption. Dort begrüßt uns die
amerikanische Managerin des Hotels, heißt uns
freundlich willkommen und bittet uns, sie mit
ihrem Vornamen anzureden. Wahrscheinlich
steigen hauptsächlich Amerikaner in diesem
Hotel ab. Von der Managerin bekommen wir
Gutscheine für das Frühstück. Nach einer kurzer
Unterhaltung mit unserem Bubu beschließen wir,
uns heute einmal auszuruhen. Wir werden
zunächst auf unser Zimmer gehen und dann
weitersehen. Helmut hat sich entschlossen, seine
Kräfte unter extremen Bedingungen zu testen.
Er nimmt das Bordcase in die rechte Hand und
eine kleine Aktentasche in die linke und
marschiert entschlossen in Richtung Fahrstuhl.
Besonders weit kommt er aber nicht, denn schon
nach 6-8 Schritten schnappt er nach Luft und hat
einen roten Kopf. Scheinbar hat er nicht damit
gerechnet, daß jede Anstrengung in dieser Höhe
zu Problemen führen kann. Als ich ihn endlich
erreiche, mache ich ihm klar, daß es doch wohl
das Beste ist, wenn die tibetischen Hoteldiener
unser Gepäck übernehmen. Innerhalb von
kürzester Zeit sind auch bereits die drei
Hoteldiener bei uns, die uns das gesamte Gepäck
abnehmen und es leicht mit freundlichem Lächeln
zum Fahrstuhl tragen. Wir gehen mit schweren
Schritten hinterher und fahren dann in den
vierten Stock, in dem unsere Zimmer liegen.

Die Hotelzimmer sind einfach eingerichtet, aber
recht gemütlich. Im Raum steht ein Doppelbett

mit zwei Kopfkissen und einer dicken
Steppdecke. Auf der gegenüberliegenden Seite
steht ein großer Sekretär mit einem sehr großen
Fernsehgerät. Über ihm hängen zwei große
Spiegel. Offensichtlich ist der Fernsehapparat die
wichtigste Ausstattung in diesem Hotelzimmer.
Briefpapier und Aufkleber, die man sonst in allen
Hotelzimmern findet, entdeckt man hier nicht.
Vor dem großen Fenster steht ein Tisch mit zwei
netten, kleinen Sesseln. Auf dem Tisch steht eine
große Teekanne mit zwei Teetassen.
Vom Flur aus sieht man eine braungestrichene
Tür, die zum Badezimmer führt. Das Badezimmer sieht farblich gesehen scheußlich
gestaltet aus. Wer sich hier verewigt hat, hat
ganze Arbeit geleistet. Grüne Fliesen von
schlechter Qualität zieren die Wände rings um.
An vielen Stellen sind die Fliesen bereits
gesprungen und es gibt eine Menge Löcher, die
dezent mit Zement zugekittet worden sind.
Die Badewanne ist auch nicht gerade neu.
Man sieht, daß sie an den meisten Stellen
abgesprungen ist und das Wasser läuft in kleinen
Rinnsalen aus dem Wasserhahn. Ganz zudrehen
kann man den Wasserhahn nie, da die Dichtung
kaputt ist. Gegenüber der Badewanne ist eine Art
Waschtisch mit einem ovalen Spiegel angebracht,
der schon an vielen Stellen blind geworden ist.
Als wir das Badezimmer sehen, glauben wir, daß
uns das gleiche Schicksal droht. Tröstlich ist
unser hervorragender Blick auf den im Innenhof
gelegenen, großen Swimming Pool. Kein
Badegast weit und breit, der die komfortablen
Liegestühle in der schönen warmen Sonne

genießt. Nachdem ich mich etwas häuslich eingerichtet habe und schon einige Sachen im Schrank hängen, klopft Helmut. Wir beschließen, erst einmal Kriegsrat zu halten mit einer gemütlichen Tasse grünem Tee. Im Verlaufe unserer Unterhaltung trinken wir die ganze Kanne leer, immerhin eine Thermoskanne mit drei Litern Fassungsvermögen. Es ist inzwischen Mittagszeit und wir nehmen unsere Essensgutscheine und gehen in eines der Hotel-Restaurants. Es ist ein größerer, nicht besonders attraktiver Coffee-Shop im typisch amerikanischen Stil. Man kann dort neben Hamburgern, Pizza und Chili con Carne noch andere kleinere Gerichte bekommen. Während ich Spaghetti mit Tomatensoße bestelle, hat sich Helmut Chili con Carne und ein großes Glas Bier bestellt. Aus meinen negativen Erfahrungen in den Anden verzichte ich bewußt auf Alkohol und bestelle mir ein Glas Mineralwasser. Im Verlaufe des Essens zeigt sich die Wirkung des Bieres bei Helmut deutlich. Je leerer die Flasche wird, desto mehr verfärbt sich sein Kopf. Am Ende des Essens ist er knallrot und erklärt, daß das wohl sein letzter Alkohol in Tibet gewesen sei. Der Speisesaal ist nicht besonders voll, nur etwa drei bis vier Tische sind besetzt.

Im kleinen Laden des Hotels schauen wir uns gemeinsam um und ich kaufe eine Landkarte von Tibet. Wir gehen von dort aus zum Business Center, weil Helmut ein Fax nach Deutschland aufgeben will. Weil in diesem Center jedoch keine Schreibmaschine existiert, muß er seine

Nachricht per Hand schreiben und es dann nach Deutschland per Fax weitergeben. Wir erinnern uns an die zweite große Kanne in Helmuts Zimmer und trinken genüßlich auch diese Kanne leer. Gegen die großen Kopfschmerzen, die mich inzwischen plagen, nehme ich eine Aspirin, während Helmut es mit einem Kreislaufmittel gegen das Bier versucht. Schon bald sehen wir ein, daß alle weiteren Aktivitäten noch Zeit haben. Ich gehe in mein Zimmer und lege mich ins Bett, es gelingt mir aber nur mühsam zu schlafen. Andauernd habe ich Schmerzen in der Leistengegend und wenn ich mich von einer Seite auf die andere drehe, bekomme ich Herzklopfen und Atembeschwerden. Diese enorme Höhe und die dünne Luft sind wir einfach nicht gewohnt. Wir haben beschlossen uns gegen 17 Uhr zu treffen, Helmut will mich abholen, aber ich bin so kaputt, daß ich bis 18 Uhr im Bett liege. Draußen ist es immer noch schön warm. Das Wetter ist herrlich, am Himmel sind nur zwei kleine Wölkchen zu sehen. Ich schätze die Temperatur auf etwa 26 Grad. Neben dem Schwimmbad sitzen vier Enten und lassen sich von der letzten Abendsonne bescheinen. Ich stehe auf und sehe mich um, ob es irgendwo eine Minibar gibt, weil ich Durst habe. Ich entdecke aber weder eine Minibar noch ein Radio oder Wecker, so daß wir derzeitig, bevor wir Ausflüge machen wollen, an der Rezeption Bescheid sagen müssen. Nachdem ich mich angezogen habe, gehe ich zum Zimmer von Helmut. Als er auf mehrfaches Klopfen nicht aufmacht, starte ich allein mit Filmkamera zu einer kleinen Erkundungstour durch das Hotel und in die nähere Umgebung. Offensichtlich ist das Restaurant, in dem wir vorher gegessen haben, das primitivste im ganzen Hotel. Abgesehen von der Tatsache, daß es dort nur einfache, zumeist nur amerikanische Gerichte gibt, sieht man es auch an der Ausstattung. Daneben gibt es noch ein chinesisches Restaurant und ein französisches. Diese sind aber im Augenblick geschlossen. Es ist inzwischen etwa 19.15 Uhr und ich verlasse das Hotel. Vor dem Eingang des Hotelarials sieht man einige kleine Händler, die mit den Worten "Lookie, Lookie Buddha" kleine Buddhafiguren aus Ton und Bronze, kleine Glocken sowie Tücher an den Mann bringen wollen. Auf der vierspurigen Straße sieht man einige kleine Garküchen. Dort duftet es nach Nudeln, Sojasprossen und Fleischspießen am Rost. Viele Männer stehen am Straßenrand, spielen ein Brettspiel, unterhalten sich und rauchen. Auf der Straße sieht man, daß viele mit den Fahrrädern unterwegs sind. Es gibt nur wenig Straßenverkehr. Alle Leute, gleich ob es sich um Motorradfahrer, Radfahrer oder Autofahrer handelt, teilen unmißverständlich ihre Existenz mit, indem sie entweder Hupen, Klingeln oder sich gegenseitig etwas zurufen. Die Gebäude am Rand der Straße erinnern an das Stadtbild von Ulan-Bator, Peking oder Moskau. Sie sind im Stil der Stalinzeit der fünfziger Jahre gebaut. Ab und zu sieht man einige Chinesen in Uniform, die in kleinen Gruppen durch die Straßen gehen. Im allgemeinen benehmen sie sich aber ziemlich unauffällig. Zurück im Hotel sehe ich kleine Reisegruppen aus der Schweiz. Ebenso wie bei den amerikanischen Gruppen sind die Frauen in der Überzahl. Hauptsächlich sieht man Frauen in den Jahrgängen zwischen 40 und Anfang 60, junge Leute findet man dagegen sehr wenig. Alle Touristen ähneln sich, sind an ihrer Trekking- oder Wanderausrüstung mit großen Rucksäcken zu erkennen. Das ist mir schon im Flugzeug aufgefallen. Bevor ich auf mein Zimmer gehe, schaue ich nochmals im kleinen Hotellädchen vorbei und kaufe mir einige Postkarten. Alle meine Bekannten wollen aus Tibet einen Gruß bekommen und so werde ich wohl noch viele Postkarten schreiben müssen. Kurz nachdem ich im Zimmer angekommen bin, kommt Helmut, um sich ein Pflaster zu holen, denn er hat schon die ersten Wasserblasen an den Füßen. Meine Frau ist eben ein Schatz und hat an die wichtigsten Dinge gedacht. Bevor ich ins Bett gehe, überlege ich noch, ob ich nun doch die einladende Badewanne benutzen soll. Aber als ich mir das Badezimmer nochmals genau betrachte, ist vergeht mir der Appetit. Abgesehen von der Tatsache, daß der Stöpsel im Waschbecken abgebrochen ist, entspricht die Badewanne nicht gerade unseren Reinlich-keitsvorstellungen. Der Einlaß ist verrostet bis hinunter zum Ablauf. Auch die Decke des Badezimmers, das ist mir heute Nachmittag gar nicht aufgefallen, eine Art Kastendecke aus Sperrholz, abgeteilt mit kleinen schmalen Leisten, macht einen ausgesprochenen düsteren Eindruck. Die beschädigten Kacheln sind teilweise, wenn man sie nicht einfach nur mit Zement verschmiert hat, mit einem ockergrünen Farbmix nachgestrichen. Im Zimmer gibt es auch eine Klimaanlage, die so laut ist wie ein Leichtmotor. Ich kann mir nicht vorstellen, daß ich dabei nachts schlafen soll und kann. Ich habe sie deshalb ausgestellt und das Fenster aufgemacht. Nach ein paar Minuten staatlichem chinesischem Fernsehen und etwas Werbung fallen mir die Augen zu, obwohl es erst etwa 23.00 Uhr ist. Ich hoffe, daß ich bis zum nächsten Morgen einigermaßen durchschlafen kann. Dies erweist sich aber als Illusion, denn ich schlafe sehr unruhig, und immer wenn ich aufwache, um mich auf die linke oder rechte Seite zu drehen, habe ich Atembeschwerden.

Richtig schlafen kann ich in der Nacht nicht. Ich bekomme kaum Luft und mein Herz rast. Bei geöffnetem Fenster habe ich zwar frische Luft, aber draußen schnattern die Enten die halbe Nacht, so daß ich wegen des Krachs nicht schlafen kann. Die Klimaanlage mit den Motorengeräuschen wäre sicherlich auch keine Alternative gewesen. Schließlich falle ich doch in den Tiefschlaf.

## Der geheimnisumwobene Potola

Morgens wache ich plötzlich durch irgendein Geräusch auf. Ich muß mich erst einmal orientieren. Langsam komme ich auf die Beine. Nachdem ich mich gewaschen habe, geht es mir wieder besser und ich hole Helmut zum Frühstück ab. Wie gehen zum Fahrstuhl und fahren hinunter in die große Empfangshalle und gehen dann eine Treppe zu einer großen Empore, auf der das Frühstück serviert wird. Wir finden alles, was ein wirkliches Frühstücksbüffet auszeichnet: Verschiedene Säfte, Rührei, Schinken, Spiegelei, Toast, Kuchen unterschiedlicher Art, verschiedene Müslis, Brot und Butter. Der Frühstücksaal ist gut besetzt. An den verschiedenen Tischen sitzen etwa an die 100 Personen. Aus den Gesprächen kann man sehr schnell erraten, daß es fast ausschließlich Amerikaner sind, nein, ich korrigiere: Amerikanerinnen, die Tibet besuchen. Sieht man sich an den Tischen um, stellt man fest, daß auf fünf oder sechs Frauen ein einziger Mann kommt. Die Frauen sind wohl fast alle Singles im Alter zwischen 40 und 65 Jahren. Sie machen einen sportlich durchtrainierten Eindruck. Fast alle haben einen Hut oder wenigstens eine Baseballkappe auf. Neben dem Stuhl lagert der Rücksack oder eine überdimensionale Tasche. Schönheiten sind es alle nicht. Männer, die vereinzelt an den Tischen sitzen, machen eher einen verschüchterten Eindruck. Offensichtlich haben in all diesen Gruppen die Frauen das Sagen. Eine energisch wirkende Frau geht von

Tisch zu Tisch und gibt etwas bekannt. Unmittelbar darauf stehen alle, die nach Amerika aussehen auf, und verlassen den Speisesaal. Wir sehen die Gruppe später wieder, als sie auf den Bus wartet. Nach dem Frühstück gehen wir nochmals in unser Zimmer und packen unsere Filmausrüstungen zusammen, denn heute soll der Potala-Palast besichtigt werden. Der Potala, die Inkarnation des Fremden, Mystischen, Ausflugs- ziel für Touristen aus dem Westen vom Hippie bis zum Wissenschaftler. Schon Tibet hat das geheimnisvolle Flair, aber dies wird noch gesteigert durch den Potala, den Winterpalast des Dalai Lama. Er ist nicht, wie oft gedacht wird, das religiöse Zentrum des Lamaismus.

Wir gehen von unserem Zimmer gemächlichen Schrittes zur Eingangshalle - inzwischen haben wir uns schon an den majestätischen Gang gewöhnt, jede Anstrengung muß vermieden werden - und warten dort auf unseren Reiseführer, der uns gestern vom Flughafen abgeholt hat. Nach einigen Minuten trifft er ein und wir schreiten zum Landrover und unserem Chauffeur. Wir fahren langsam durch die Stadt Lhasa zum Fuße des Hügels, auf dem der Potala- Palast thront. Immer wieder können wir Teilansichten dieses unwirklich erscheinenden Bauwerks bei unserer Fahrt bestaunen. Wenn man es auch auf vielen Bildern und Filmen gesehen hat, erschlägt es einen doch, wenn man ihn in seiner ganzen Größe sieht. Nachdem wir den neuen Teil Lhasas verlassen haben, der sich durch die häßlichen Gebäude aus der

Nachstalinzeit auszeichnet, die sowohl in China, Rußland und den sonstigen sozialistischen Staaten zu finden sind, kommen wir zum ursprünglichen Teil der Stadt mit niedrigen Häuser, geschäftigem Treiben von Händler, die je nach Straße ihr Handwerk betreiben und ihre Waren anbieten. Wie in ganz Asien sind die Händler oder Handwerker einer Branche in der derselben Straße ansässig, was den Vorteil hat, daß der Käufer einen unmittelbaren Vergleich hat.

Am Fuße des Potala-Hügels angekommen, finden wir uns in einem schier undurchdringlichen Gewirr von Menschen, durch das wir vier uns nur mühsam durchzwängen. Einzeltouristen mit Rucksack aus dem Westen der Welt, also „fremde Teufel", ragen nicht nur wegen ihrer Größe, sondern wegen ihres komplett anderen Aussehens aus der Menge heraus. Auch Chinesen in Uniform und in Zivil befinden sich unter den Besuchern, die sich auf einem großen Platz vor dem steilen Weg zum Palast befinden. Kleine Gruppen von Tibetern haben sich versammelt, um den Aufstieg zu beginnen. Ausgemergelte, dunkelbraun gegerbte Gesichter, vom Tragen gebeugte Rücken, mehrere Lagen von Kleidungsstücken übereinander, Kinder und alte Frauen und Männer auf dem Rücken, aber alle mit frohen, glücklichen Gesichtern. Hier finden Sie keine aufgeregte Auseinandersetzung. Niemand drängt sich vor, alle machen einen zufriedenen, gelassenen Eindruck. Vielen kann man ansehen, daß sie sich und ihre

Angehörigen über Hunderte von Kilometern geschleppt haben, um einmal Lhasa, den Potala und die Heiligtümer ihrer Religion in dieser und anderen Städten zu besuchen.

Am Wegesrand stehen unzählige Fahnenbäume mit roten, grünen, blauen, gelben und weißen Fahnen, die Glück bringen sollen. Es herrscht eine für uns Besucher aus dem Westen fremde, eigenartige, fast feierliche Stimmung. Unser Führer erklärt uns zu Beginn unserer Pilgerreise die Bedeutung, die Entstehung dieses Bauwerks, dessen Bau im 7.Jahrhundert unserer Zeitrechnung begann. Der Potala-Palast wurde auf dem Berg „Marpori" erbaut und erhebt sich mit seinen dreizehn Stockwerken 110 Meter hoch über die Stadt Lhasa. Er ist ca. 360 Meter lang und hat bis zu 5 Meter dicke Mauern. Angeblich hat er 999 Räume. Ob das stimmt, haben wir nicht nachgeprüft. Unser Reiseführer, ein buddhistischer Mönch ist auch nicht ganz davon überzeugt. Bubu erklärt uns die Bedeutung der verschiedenen Farben dieses riesigen Gebäudekomplexes in den Farben weiß, rot und gelb. Danach dient der weiße Teil der Verwaltung, der gelbe kleinere Teil der Aufbewahrung von Opfergegenständen, Thangkas, der größte, der rote Teil, war der Wohnbereich des Dalai Lamas und der Mönche. Wir folgen dem Weg der Pilger und steigen die vielen Treppen hinauf. Wie wir von unserem Reiseleiter erfahren, können Touristengruppen auch mit dem Kleinbus zur Rückseite des Potala fahren und dann bequem die Besichtigung beginnen. Wir gehen gemächlich den steilen Weg hoch, eine schnellere Gangart könnten wir aus dem Flachland ohne Atemnot nur einige Meter aushalten. Es reicht ein einfacher Test, zum Beispiel drei Stufen einer Treppe, 20 Schritte in normalem Lauftempo und man wird sofort vernünftig. Auf der linken Seite wird der etwa fünf Meter breite gepflasterte Weg von kleinen, drei bis vier Meter langen, hüfthohen Mauern, die mit kleinen, roten, überhängenden Dächern gedeckt sind, begrenzt. Die Mauern lassen alle paar Meter einen wunderschönen Blick auf die ganze Stadt Lhasa zu, die im schönsten Morgenlicht mit einem kleinen Dunstschleier vor uns liegt. In der Ferne wird Lhasa von den hohen, grauen Bergen des Himalaja begrenzt. Der Weg, auf dem uns ab und zu Autos entgegenkommen, läuft an den Hang angeschmiegt bergauf, nach einigen Hundert Metern führt er auf eine größere Plattform und ändert dann die Richtung. Man hat den Eindruck, sich auf einem Gebirgspaß zu befinden. Richtet man den Blick nach oben, sieht man karmesinrot gestrichene Türme, die mit Dachziegeln im Pagodenstil gedeckt sind, also den Schwung nach oben zum Himmel ausführen. In einer Entfernung von einigen hundert Metern erhebt sich ein mächtiger, unförmiger, viereckiger, roter Turm mit zwei überlebensgroßen, karmesinroten Holztoren. Sie sind reich verziert mit großen schmiedeeisernen Beschlägen, in der Mitte jeweils verziert mit einem Löwenkopf. Das eine der beiden Tore steht offen. Am anderen geschlossenen Torflügel befindet sich im Maul des bronzenen Löwen ein, über ein Meter langes großes, dickes Seil, das herunterhängt. Dieses fassen die tibetischen Pilger, die den Palast verlassen, an. Dabei ist nicht klar, ob dies eine rituelle Handlung ist, ob es Glück bringt, Wiederkommen verheißt oder nur aus Erstaunen oder Neugier geschieht. Sie haben ihren Besuch des Klosters schon hinter sich und bleiben an den Balustraden stehen, schauen in die Ferne, zeigen mit den Fingern dorthin, freuen sich und plappern freudig erregt vor sich hin. Ein Teil ihres größten Wunsches, der Besuch des Potala, liegt hinter ihnen. Sie laufen den Berg hinunter, die Behinderten humpeln oder stützen sich auf ihren Stock. Fünfzigjährige tragen ihre siebzigjährigen Mütter oder Väter. Ihre Habe schleppen sie auf dem Rücken, die Kinder an der Hand. Wir nähern uns langsam dem großen Tor und überschreiten die hölzerne Türschwelle, die auch hier wie überall in Südostasien vor den bösen Geistern schützen soll. Jetzt haben wir endlich den Ort betreten, der zumindest heute noch eine Stätte ist, die alle besucht haben müssen, die mit asiatischen Religionen, dem Buddhismus und dem Lamaismus verbunden sind.

Eine gewisse Befangenheit trifft mich, mehr als ich es mir eigentlich vorgestellt habe. Ähnlich wie beim Betreten einer großen Kirche des Christentums erfassen mich Ehrfurcht und Stille. Ich sondere mich, wenn auch nur ein paar Meter, von unserer kleinen Viergruppe ab und überlege, was mich hierher getrieben hat, was ich hier will. Dann kommt eine große Freude über mich und ich beschließe, den gesamten Rundgang durch diese große Kloster mit den vielen Gebäuden und Räumen ganz bewußt und intensiv zu genießen. Einheimische huschen um uns herum, Männer, Frauen, Kinder, Greise, und alle sind freundlich und lächeln. Die wenigen Touristen mit Kamera und Rucksack fallen exotisch aus der Masse der Tibeter heraus. Unser Führer erklärt uns, daß jetzt die ruhige Zeit sei, weil wir Winter hätten und die Leute weniger Arbeit hätten. Im Sommer kämen weitaus mehr Pilger. Sie sähen irgendwie alle genauso aus. Sie hätten zumeist eine lange, schwarze Hose und ein schwarzes, weit fallendes Obergewand an. Dunkle Kleidung herrscht vor, aber es gibt auch tibetische Frauen, die eine leuchtend rote Bluse oder einen dunkelroten Rock über ihrem Kleid tragen. Die langen, schwarzen Haare tragen die Frauen meist in einem langen Zopf gebunden. Sie tragen meist ihre Volkstrachten. In den Haaren tragen einige Silberschmuck. Goldschnallen, Schmuck aus Halbedelsteinen, große Silberreifen an den Armen und farbige Schärpen quer oder diagonal über dem kittelartigen Gewand vervollständigen die Ausarbeitung. Viele Pilger, die das Kloster verlassen, tragen brennende Butterlampen in den Händen. Die Männer haben teilweise die typisch tibetische Kopfbedeckung auf dem Kopf. Es ist eine Art Fellmütze mit gestickten Ornamenten. Die Seitenteile kann man für den Winter herunterklappen. Kinder laufen vergnügt durcheinander, Babys weinen.

Nachdem wir das große Tor durchschritten haben,
stehen wir in einem kleinen Hof, der ringsum von
drei- bis vierstöckigen Gebäuden begrenzt wird.
Es gibt – wie wir später feststellen - eine
Unmenge kleine Nebengebäude mit vielen
Räumen. Treppen führen hinauf und hinunter.
Man ist immer in Bewegung, überall sieht man
kleine Gebäude, kleine und größere Höfe auf
allen Ebenen, verschachtelte Dächer mit Pagoden,
ähnlichen Spitzen mitten auf dem Dach.
An vielen Mauer hängen Vorhänge herab.
Über allen Fenstern hängen kleine, etwa
50 Zentimeter breite Schabraken herab,
manchmal auch größere Markisen. Sie flattern
ruhig im Wind hin und her. Wenn wir unseren
Führer nicht hätten, würden wir uns hoffnungslos
verirren. Wir gehen die ersten Treppenstufen
empor und gelangen zum Eingang eines kleinen
Gebäudes mit mehreren Räumen. Man kann nicht
feststellen, und das geht uns bei der Besichtigung
des gesamten Klosters so, ob wir uns nun im
Hauptgebäude oder einem Nebengebäude
befindet. Wir glauben, daß als nur die zur Stadt
gelegene Seite des Potala eine einhellige Front
hat, während die Rückseite aus vielen kleinen
Einzelgebäuden besteht, die, ohne daß wir die
Architektur, den Sinn und die Einteilung
verstehen, an einander gebaut sind. Die verschiedenen Höfe auf den verschiedenen Ebenen, die
über Treppen zu anderen Gebäuden führen oder
um den Hof herumführen, macht die Orientierung
nicht einfacher. Meinen gedruckten Reiseführer
habe ich nach einigen vergeblichen Versuchen
wieder eingesteckt. Auch die erklärenden Worte

des tibetischen Führers höre ich mir nur am Eingang jeden Raumes an. Dann schaue ich mich selbst um, staune, bewundere und filme. Helmut hört andächtig auf die Worte des großen Bubu. Ich bin froh, daß er entweder aus Interesse oder aus Höflichkeit erklären läßt, welcher Dalai Lama welchen Raum, welchen Altar errichtet oder gestiftet hat, aus welchem Jahrhundert die Hunderte, vielleicht auch Tausende von Buddha- und Dämonenfiguren stammen und welche religiöse Bedeutung sie haben. Es ist unmöglich, sich Einzelheiten zu merken. Ich jedenfalls habe es aufgegeben, mir irgendwelche Details einzuprägen. Mir reicht der Gesamteindruck von ruhig, aber begeistert dahinhuschenden Pilgern, die Weihrauchstäbchen und Butter in Dosen mit sich tragen, auf dem Rücken Kinder oder ihr gesamtes Gepäck. Die prächtig aus Holz, Stein und Halbedelsteinen geschnitzten Figuren, sowie die aufwendig gemalten Thangkas faszinieren uns. Die Luft ist schwanger vom Geruch aus Weihrauch und ranziger oder verbrennender Butter. Bei vielen Räumen muß man sich beim Eintritt tief beugen und gleichzeitig die Füße heben, um hineinzugehen. Die Eingänge sind höchstens 1,70 m hoch. Die Schwellen dienen wie bei allen Heiligtümern, in Häusern und Gärten zum Schutz gegen böse Geister, die über die Schwellen nicht gehen können. Wege sind deswegen niemals geradlinig, sondern verlaufen in aneinander im Winkel von 90 Grad stehenden Wegstücken. Auch dies schützt vor bösen Geistern. In den einzelnen Räumen, die meist nicht größer als 15-25 Quadratmeter groß sind, stehen neben und vor den Figuren von Buddha, seinen Jüngern, den Boddhisatvas, den früheren Dalai Lamas und Dämonenfiguren, Butterlampen und Weihrauchkessel unterschiedlicher Form und Größe. Die Pilger gehen mit Kind und Kegel, vom Großvater bis zum Enkel im Säulingsalter hintereinander in die einzelnen Räume hinein, meist mit gefalteten Räumen, Butterlampen in der Hand. Diese Butterlampen sind in den Räumen meist die einzige Lichtquelle. Die Gläubigen füllen diese Behältnisse mit ihrem mitgebrachten Vorrat an Weihrauchstäbchen und Butter auf, so daß der süßliche Geruch die Räume durchzieht und man als Europäer immer wieder froh ist, im Hof Luft schnappen zu können, ehe man einen neuen Raum mit weiteren Figuren und undurchdringlicher Luft betritt. Die Pilger kommen meist etwas scheu aus den Räumen, sie klammern sich an ihren Vordermann. Bei uns geht es jetzt schon besser. Bei den ersten Räumen haben wir uns, hauptsächlich ich, immer wieder den Kopf angestoßen. Am Anfang war es die Höhe des Eingangs, der uns zu schaffen machte, dann der Übergang vom hellen Sonnenlicht in tiefstes Schwarz. Später hatte man beim Ausgang Probleme, denn man taucht aus der Dunkelheit auf und geht in die blendende Helle und denkt dann nicht mehr an die niedrigen Balken des Ausgangs.

Auf einer Terrasse sind einige Gläubige versammelt, die Gebetsübungen machen. Ein Mönch verkauft weiße, fast durchsichtige Seidenschals an Pilger. Von hier aus hat man eine schöne Aussicht auf Lhasa. Der bronzene Löwe am Dachfürst ist mit einem Seidenschal geschmückt. Die Treppen in den Gebäuden sind wahnsinnig steil, fast 60 Grad ohne Geländer. Man muß höllisch aufpassen, nicht herunter zufallen. Eine Zeittrommel wird geschlagen, es ist 11 Uhr. Ab und zu hört man Glöckchen im Wind. Ich gestehe, daß ich größte Probleme habe, die einzelnen Räume und die phantastischen Figuren zu beschreiben. So gehen wir drei, Helmut, der tibetische Führer und ich, von Raum zu Raum und sind glücklich, als uns Bubu vorschlägt, eine Pause im Teeraum des Palastes zu machen.

Wir erreichen einen kleinen Innenhof, der mit einem typischen Pagodendach gedeckt ist. Dort stehen einige kleine, holzgeschnitzte Stühle, die wohl mehr für Pygmäen als für mich mit einer Größe von 1,85 Zentimetern gedacht sind. Vor uns steht ein Tisch mit kunstvoll geschnitzten Holzbeinen und einer Glasplatte. An der einen Stirnseite des nach allen Seiten offenen Hofes steht eine Theke, an der man etwas Gebäck, Tee, Weihrauchstäbchen und einige religiöse Souvenirs erstehen kann. Wir nehmen zu dritt an dem Tisch Platz und unser tibetischer Führer bestellt Tee für uns. Dann erhalten wir, wie schon oft in China, einen großen Becher mit grünen Teeblättern, kleinen, uns unbekannten Früchten und Chrysanthemenblüten sowie einen großen Wasserkessel aus Blech. Wir gießen uns das heiße Wasser über die Teeblätter und lassen uns von unserem Führer weitere Einzelheiten über den Buddhismus, den Mayahana, Hinayana und die spezielle Art des tibetischen Buddhismus, den Lamaismus erzählen. Ich will es mir ersparen, die Geschichte des Buddhismus, die einzelnen Richtungen (kleines und großes Fahrzeug) und die besondere Ausprägung des Lamaismus, in der Elemente der Philosophie des Mahayana mit meditativen Faktoren anderer Richtungen unter der religiösen (und politischen) Oberhoheit des Dalai Lama vorherrschend sind, näher einzugehen.

Bubu berichtet danach offen über das Verhältnis zwischen China und Tibet, die politischen Ansprüche Chinas und ihre mangelnde Berechtigung. Die Geschichte Tibets ist voll von Fremdherrschaft durch andere Völker, von den Mongolen. Dzungaren bis zu den Mandschuren, nicht selten wurden Dalai Lamas schon im jugendlichen Alter ermordet, so der 9. bis 12. Dalai Lama. Nicht erst 1959 nach dem Einmarsch der chinesischen Truppen im Jahre 1950 mußte ein Dalai Lama ins Exil fliehen. Schon 1910 floh der Dalai Lama nach Indien, als das damalige China Militärexpeditionen nach Tibet unternahm.

Wir erfahren, daß unser Führer früher selbst buddhistischer Mönch war und mehr als 7 Jahre im Kloster Ganden zugebracht hat. Dieses freimütige Geständnis macht es uns nicht nur leicht, kompetente Antworten über Leben und Treiben der tibetischen Bevölkerung, ihr Verhältnis zu den Chinesen, sondern auch den Tagesablauf des Mönchs in Tibet und sein

Verhältnis zum Dalai Lama zu erhalten. Wir sitzen gemütlich da, schlürfen unseren Tee und schauen den von Raum zu Raum dahinhuschenden tibetischen Pilgern zu, die es sich nicht nehmen lassen, jeden Raum, und sei es nur für eine halbe Minute, zu besichtigen.

Auf ihrem Rücken schleppen die Mütter ihre Kinder, sie lachen und scherzen miteinander. Jetzt ist es auch einfacher, die Informationen unseres Reiseführers aufzunehmen, die die Entstehung des Potala betreffen. So erzählt er uns, daß der Palast in den vergangenen Jahrhunderten mehrfach vom Verfall bedroht war. Immer wenn der bis dahin herrschende Dalai Lama gestorben war, stockte der Weiterbau. Da es sehr lange dauern konnte, bis ein neuer Dalai Lama gefunden war, konnte weder weitergebaut noch restauriert werden. Diese Maßnahmen durften nur durchgeführt werden, wenn ein Dalai Lama regierte, denn nur dann war auch das Volk bereit, Geld zu stiften, oder die Handwerker, ohne Geld zu arbeiten. Man verschwieg deshalb des öfteren über längere Zeit dem Volk, daß der alte Dalai Lama tot war. Weiter erfahren wir, daß jeder einzelne Dalai Lama durch eine besondere Buddhafigur verkörpert wird. Bubu, unser Führer, erzählt uns eine Berufungsgeschichte:

Als der Dalai Lama  alt geworden war, mußte man seinen Nachfolger finden. Ein alter dafür auserwählter Lama fuhr deshalb an einen See, der weit im Osten von Tibet liegt, und meditierte dort. Dabei hörte er aus dem See eine Stimme, die ihm sagte, wohin er gehen solle, um den richtigen neuen Lama zu finden. Und um ganz sicher zu sein, hüllte er sich in ganz schlichte Kleider und überließ seine wertvollen Lamakleider seinem Begleiter. Sie kamen dann zu dem Haus gekommen, das ihnen von der Stimme bezeichnet worden war und kehrten bei der Familie ein. Der Lama nahm immer nur schlichtes Essen zu sich wie ein einfacher Mann, während sein Begleiter in den Kleidern des Lamas als Dalai Lama verehrt wurde und besonderes Essen bekam. Es lag aber ein kleiner Junge in der Küche. Dieser wurde plötzlich wach, ging auf den armselig gekleideten Mann zu und faßte ihn an den Stellen des Körpers an, die typische Symbole für den Lama sind. Daraufhin verkündete der wahre Lama, daß dieses Kind der zukünftige Lama werde. Damit war die Entscheidung für den neuen, kommenden Lama gefallen.

Nachdem wir zwei Kannen Wasser mit Teeblättern, umgerechnet etwa vier Liter Tee getrunken haben, machen wir uns auf den Weg, weiter das Innere des Potala zu erkunden. Unser Reiseleiter zeigt uns einen großen Raum mit prächtig verzierten roten Holzsäulen, die sich nach oben verjüngen. Hier hält normalerweise der herrschende Dalai Lama mit 500 Mönchen die täglichen Gebete ab. Der Raum ist mit besonders schönen, drei bis vier Meter hohen prächtigen Thangkas verziert, die von der Decke herabhängen. Diese Zeremonie wird zur Zeit nicht so durchgeführt, weil der gegenwärtige Dalai Lama im Exil lebt. Überall aber ist der herrschende Dalai Lama gegenwärtig. In vielen Räumen sieht man sein Bild in Farbe aufgestellt. Davor knien Pilger aller Altersstufen, werfen Geldscheine in Schalen und stellen in die Behältnisse Weihrauchstäbchen und füllen aus dem mitgebrachten Vorrat Butter in die großen Butterkessel aus Kupfer oder Messing. Unser Rundgang ist alles andere als gemütlich, die einzelnen Räume, Höfe und Terrassen sind untereinander durch zahlreiche kleine Treppen verbunden. Geht man fünf Stufen hoch zu einem Raum, muß man am Ausgang acht Stufen nach unten steigen. Meistens gibt es keine Geländer. Wenn aber Holzgeländer angebracht sind, dann in einer Höhe von 20 bis 30 Zentimetern, so daß man nur fast kriechend die Treppen hinauf- oder hinuntersteigen kann. Die Tibeter, mit Sack und Pack beladen, laufen die einzelnen Treppenstufen behend auf und ab. Sie scherzen dabei mit ihren Freunden und Familienangehörigen. Ab und zu sieht man in einem Innenhof einige Pilger auf dem Boden sitzen, sie haben ihre Vorräte ausgepackt und sitzen gemütlich beim Essen. Helmut und ich haben alle Hände voll zu tun, die Pracht der einzelnen Räume führt uns immer in Versuchung, möglichst viele der Figuren der Dalai Lama-Dynastie, der Buddhafiguren, der Thangkas, der überlebensgroßen Dämonen, der Sinnbilder für Gut und Böse, der vier Jahreszeiten, der Elemente und der eindrucksvollen Welt der frommen Pilger auf Video festzuhalten. Wir werden außerdem mit vielen Erklärungen unseres Reiseführers gefüttert, der jede Figur, ihre Bedeutung und Entstehung

erklärt. Schließlich aber macht uns die Höhe von
über 4.000 Meter doch erheblich zu schaffen.
Jede Treppe, die wir emporsteigen müssen, macht
uns atemlos. In einigen Räumen sind besonders
viele Gläubige zu sehen, die vor einer Brüstung
stehen oder knien und in einem gleichbleibendem
Singsang Gebete sprechen. Ab und zu werfen
einzelne Geldscheine über die Brüstung, hinter
der die Grabstätte eines verstorbenen Dalai
Lamas liegt. Die Grabstätten selbst sind auch
Gedenkstätten der verstorbenen Dalai Lamas.
Goldene Buddhafiguren zeigt uns Bubu und
erklärt uns, wieviel Gold zur Verzierung der
einzelnen Figuren verwandt worden ist. Er erklärt
uns den Sinn und die Bedeutung des Mandalas,
einer runden Scheibe, die den Psychokosmos
darstellt. Im Inneren des Kreises sitzt die
Gottheit, umgeben von zahlreichen Nebengott-
heiten, die alle Abwandlungen der zentralen
darstellen. Der Meditierende gelangt bei seiner
Meditation Stufe um Stufe in das Gebäude dieses
Kosmos.

Die Pilger haben in der einen Hand eine
Konservendose mit Yakbutter, mit der anderen
Hand halten sie sich am Rücken ihres
Vordermannes fest und laufen mit gebeugter
Haltung in den jeweiligen Raum hinein und
kommen ebenso wieder heraus. Es sieht aus wie
eine kleine Polonaise. Wenn sie uns, Helmut und
mich sehen, gucken sie ganz erstaunt nach oben,
lassen für kurze Zeit den Rücken des
Vordermannes los und schauen die ihnen völlig
fremden Langnasen an. Danach suchen sie wieder
den Rücken ihres Vordermannes und die

Prozession geht weiter. Unser Führer erzählt uns
von der Geschichte Tibets, den Beziehungen zu
den Chinesen, der Heiratspolitik der Tibeter und
Chinesen im 8.Jahrhundert, der sehr engen
religiösen und freundschaftlichen Beziehung
zwischen dem Dalai Lama und dem chinesischen
Kaiser zur Zeit des 5. Dalai Lama. Er verschweigt
offensichtlich die mir bekannte Tatsache, daß
zwischen dem 7. und 9. Jahrhundert Tibet über
große Teile Chinas herrschte. Es gab sogar einen
Nichtangriffspakt zwischen beiden Ländern für
eine Zeitdauer von 1.000 Jahren, nachdem die
tibetische Armee sogar die damalige chinesische
Kaiserstadt Chang'an erobert hatte und die
Heiratspolitik für die Chinesen eine mehr oder
weniger erzwungene Maßnahme zur Befriedung
war.

Dem Einfallsreichtum der Pilger zum Transport
von Butter sind keine Grenzen gesetzt. Außer in
alten Konservendosen und Schmuckdosen
bringen sie Butter auch in Plastiktüten,
Frischhaltebeuteln oder eingewickelt in Stoffreste
oder Zeitungspapier mit. Wir kommen in einen
kleinen Raum, der außer einem großen Schrank,
der die Fläche einer Wand ausfüllt, völlig leer ist.
Bei näherem Hinsehen stellt man fest, daß er
gefüllt ist mit etwa 20 roten Feuerlöschern.

Wenn wir Probleme haben, die Bedeutung der
einzelnen Thangkas und Buddha- und Dämonenfiguren zu erkennen, so haben die Tibeter
offensichtlich Probleme, den Sinn und die
Funktion dieser seltsamen Gebilde zu erkennen.
Das ist doch tröstlich!

Im nächsten Raum sehen wir hinter Glas
734 Buddhas in allen Größen, in unterschiedlicher Stellung, sitzend, stehend mit verschiedener Stellung der Hände, der Beine, des
Gesichtsausdrucks und unterschiedlich bekleidet
mit Brokatumhängen oder in Seidengewändern.
Bei den Umhängen dominiert ein leuchtendes
Gelb, es gibt aber auch weit fallende Gewänder
aus leuchtendem Rot. Einige Pilger haben in
ihrem Gepäck weiße Seidenschals, die sie
einzelnen Buddhafiguren als Geschenk über die
ausgestreckten Arme hängen. Immer wieder
überrascht, beeindruckt mich diese Tiefe
Religiosität, die Leute, die Hunderte Kilometer zu
Fuß hierher kommen, um einmal im Leben im
Zentrum ihres Glaubens sein zu können.
Die westlichen Touristen fallen allein schon
aufgrund ihrer geringen Zahl und natürlich ihrer
Hautfarbe auf. Fast alle sind mit Rucksack,
Fotoapparat ausgerüstet und man sieht ihnen an,
daß diese Reise, nicht ihre erste Begegnung mit
der asiatischen Kultur und dem Buddhismus ist.
Manche scheinen auch buddhistischen Glaubens
zu sein, denn sie vollziehen gleiche oder ähnliche
Rituale wie die Einheimischen. Der Raum, den
wir jetzt betreten, unterscheidet sich von den
bisherigen dadurch, daß er eine große Anzahl von
Nischen hat, in denen eine Vielzahl von kleinen
Buddhafiguren aus Bronze steht. Überhaupt kann
man feststellen, daß sich praktisch jeder Raum
vom vorangegangenen unterscheidet.

Bubu erzählt uns viel über die einzelnen
Buddhas, denen wir hier begegnen. So sehen wir

die Buddhas: Akshobhya, Amitabha, den Buddha Amoghasiddhi, Maitreya, Ratnasambhava, Shakyamuni, Vairocana, die Buddhas der drei Zeiten, der 7 Weltzeitalter und die 35 Buddhas der Sündenbekenntnisse, alle sehr eindrucksvolle Figuren mit einer großen Bedeutung für die Gläubigen. Sie alle haben ihre eigene Geschichte, wie die Jünger Buddhas, die anderen Gottheiten, auch die Dämonen oder die Herren der Friedhöfe. Hätte ich sie mir nicht aufgeschrieben und nachgesehen, wie man sie schreibt und welche Bedeutung sie haben, ich hätte alles schon nach einigen Minuten vergessen.

So viel Farbe, Gestalt, Gerüche und Strapazen, wie die dünne Luft, stürzen auf uns ein, daß für derartige Details kein Raum mehr bleibt.
Jetzt zeigt auch der viele Tee Wirkung. Helmut und ich suchen angestrengt und seit etwa 20 Minuten vergeblich nach einer Toilette. Auch unseren tibetischen Führer drängt es. Wir sind mit ihm auf der Suche nach Hilfe aus der gegenwärtigen Bedrängnis. Endlich sieht Bubu ein Schild in tibetischer Schrift, das er als Hinweis auf eine Toilette identifiziert. Nach kurzer Beratung erhalte ich den Vortritt. Ich öffne die niedrige Holztür und betrete einen völlig leeren Raum. Vier weiß-getünchte Wände mit einem Fenster auf die Stadt Lhasa umgeben mich. Ich bin etwas unsicher, wie und wo. Irgendwie scheue ich mich gegen die Wand zu pinkeln, ich stehe noch etwas unsicher herum, als ein kleiner, verschmitzt schauender Tibeter mit einem Bündel Reisig auf dem Rücken eintritt, zu einem Loch in

der Mitte des Raumes tritt, umständlich die Hose aufmacht und in das Loch pinkelt. Ich staune nicht schlecht. So also geht das vor sich. Als der Mann vor mir fertig ist, trete ich an das Loch und staune nicht schlecht. Beim Durchsehen entdecke ich, daß es nach unten keine Begrenzung gibt. Unter mir sehe ich in einer Entfernung von etwa 20-30 Metern einen Felsen, der naß vor sich hinstrahlt. Er ist die Auffangstelle von allem, was von oben kommt. Das ist die unkomplizierte tibetische Antwort auf westliche Hygiene. Nach Verlassen des Tatorts versucht Helmut sein Glück, ich warne ihn nicht vor, weil ich gespannt bin auf seine Reaktion. Nach kurzer Zeit kommt er in einer Mischung aus Erstaunen und Verärgerung von diesem stillen Ort und meint, es sei schon merkwürdig, unter Beobachtung der tibetischen Pilger mitten im Raum in den Boden pinkeln zu müssen. Unser Tibeter geht gelassen in den Raum und kommt ebenso ruhig und zufrieden wieder heraus.

Unsere Besichtigungstour geht weiter. Bedeutend erleichtert, bewegen wir uns durch die Räume, über die Terrassen und Treppen. Wir sind gesättigt vom Potala, aber wir werden den Besuch nicht vergessen. Wir stehen an der Außenmauer und bestaunen dieses, auf einem Berg erbaute, gewaltige mehrstöckige, - teilweise sind es mehr als acht Stockwerke – wie eine Burg über Lhasa thronende Gebäude, das mit Zinnen bewehrt ist. Ein kleiner Hügel ragt in das Panaroma von Lhasa. Früher befand sich dort eine Medizinschule für tibetische Medizin.

Unterhalb des Berges befanden sich die Quartiere für die Mönche, die Medizin studierten. Alle Gebäude wurden während der Kulturrevolution zerstört. Am Fuß dieses großen Bauwerks, das wir jetzt verlassen haben, liegt ein riesiger Laden mit religiösen Gegenständen. Insbesondere die Thangkas sind von der Gestaltung und den herrlichen Farben her einzigartig. Ich kann der Versuchung nicht widerstehen und nach langem Zögern kaufe ich doch zwei dieser Rollbilder. Bei den Verkaufsverhandlungen leistet uns unser tibetischer Führer große Hilfe. Die Thangkas läßt er vom Verkäufer in Packpapier einpacken. Außerdem erstehe ich ein Buch über Thangkas, die Herstellungstechniken, die Motive und ihre religiöse Bedeutung. Wie selbstverständlich nimmt unser tibetischer Führer das Bündel mit den Rollbildern und trägt es zum Auto, das wir in einer Nebenstraße unterhalb des Potala wiederfinden.

Wir schauen noch einmal auf dieses großartige, weltbekannte Bauwerk zurück, das sich in den Farben Weiß und Rot, mit seinen vielen Nebengebäuden über Lhasa erhebt. Wir kommen an einem Baum vorbei, der mit Tüchern in den fünf heiligen Farben behängt ist. Dabei bedeutet die Farbe Blau Himmel, Weiß Wolken, Braun Erde, Rot Feuer und Grün Wasser. Wir laufen durch die Altstadt, an den Straßen liegen Gebäude aus Lehmziegeln. Ein Bettelmönch sitzt an der Straße. Er hat eine Art Turban auf dem Kopf, die Hände zum Gebet gefaltet und zwischen den Händen eine Glocke. Eine Gruppe von Frauen mit ihren schwarzen Kleidern und roten Blusen sitzt am Straßenrand. Sie haben glänzend schwarze Haare und flechten sich gegenseitig ihre, einen Meter langen Zöpfe und unterhalten sich. Das Auto bringt uns zum Hotel zurück, wo wir in einem der Restaurants eine Kleinigkeit essen. Großen Hunger haben wir nicht, das Frühstück war üppig und hält lange satt. Danach legen wir uns für eine Stunde ins Bett. Um 15 Uhr soll es weitergehen, wir werden zu einem bekannten Kloster vor den Toren der Stadt Lhasa fahren.

Am Wegesrand, in den Randgebieten von Lhasa sehen wir sehr viele Kinder auf Fahrrädern. Wahrscheinlich ist die Schule aus. Andere laufen mit Rucksäcken auf dem Rücken, sie unterhalten sich, einige lachen, andere gehen langsam mit ernstem Gesicht, ein paar spielen mit einem Stein Fußball. Sie unterscheiden sich in ihrem Gesichtsausdruck nicht wesentlich von Kindern in unseren Breiten. Links und rechts an der Straße stehen einige Obststände, die auf Kundschaft warten. Welches Obst verkauft wird, kann man nicht so genau erkennen. Die Straße ist holprig, ab und zu wird man unvermittelt in die Luft geschleudert. Wir fahren direkt auf die Berge in der Umgebung der Stadt zu. Wir biegen dann von der befestigten Straße nach rechts auf einen Schotterweg ab. Es schaukelt und holpert derart, daß man leicht Kopfschmerzen bekommen könnte, wenn man sie nicht wegen der Höhe sowieso schon hätte. Die Straße oder besser der

Weg dorthin wird immer schmaler. Der letzte Teil diese Feldwegs endet vor den Pforten des Klosters, das eng an die Berge angelehnt ist. Auf der Anhöhe vor dem Kloster weiden einige Schafe und Zicklein, auch ein schwarzes ist dabei. Die Tiere sehen nicht sehr kräftig aus.

## Das Kloster Ganden

Das Kloster Ganden liegt etwa 10 km westlich von Lhasa und war, wie uns unser tibetischer Führer namens Bubu erklärt, vor dem Einmarsch der Chinesen das größte Kloster Tibets. Es hatte zur damaligen Zeit etwa 10.000 Mönche. Es wurde im Jahre 1416 gegründet. Heute bewohnen das Kloster nur noch etwa 450 Mönche. Unser Führer steht mit uns vor dem Tor und hält uns einen kleinen Vortrag über das Kloster, seine Entstehung und Bedeutung. Es gehört danach zu den drei Klosteruniversitäten, die ihre Studenten in buddhistischer Religion und Philosophie ausbilden. Die Studenten kommen aus allen Teilen des Landes hierher, um nach mehreren Jahren ihre Ausbildung in Meditation und ritueller Praxis zu beenden. Im Laufe der Zeit gab es viele Lamas, die ihre eigene Richtung der Auslegung der buddhistischen Lehre vertraten, so daß sich innerhalb des Klosters eigene Fakultäten mit eigenen Versammlungsgebäuden bildeten. Das Kloster wurde, weil die Schüler, die im Kloster wohnten, immer mehr zunahmen, immer größer und weitläufiger. Davon können wir uns ein gutes Bild machen. Wie uns Bubu erklärt, ist ein Teil des Klosters in den Wirren der Kulturrevolution zerstört worden. Erhalten geblieben sind aber die Versammlungshallen der vier Fakultäten, die Hauptversammlungshalle und der ehemalige Regierungssitz des Dalai Lama. Das Kloster ist  nicht so gut besucht wie an anderen Tagen. Unser Führer macht einen sehr religiösen Eindruck, er weiß sehr gut Bescheid über den Buddhismus und seine verschiedenen Richtungen und die unterschiedlichen Riten, auch wenn sie von denen in Tibet abweichen. Ein Mönch kommt direkt auf uns zu. Bubu erklärt uns, daß dies sein bester Freund sei. Touristen sehen wir während unseres ganzen Rundgangs nicht. Es gibt aber auch nur wenige Pilger, die aber wie auch im Potala mit Kind und Kegel kommen und so schreien auch hier Kleinkinder, alte gebrechliche Menschen werden getragen.

Unser Rundgang ist sehr beschwerlich. Abgesehen von der großen Höhe hier in Tibet, an die wir uns noch immer nicht gewöhnt haben, hat auch das Gelände seine Tücken. Es ist abschüssig, denn das Kloster ist an den Hang eines Berges gebaut. Das bringt es aber mit sich, daß es ständig bergauf und bergab zwischen den einzelnen Gebäuden geht. Hinzu kommt, daß das Gelände nicht nur abschüssig ist, sondern die Wege mit unterschiedlichen Platten aus Naturstein gepflastert sind, so daß man ständig aufpassen muß, nicht irgendwelche Fehltritte zu tun und sich den Fuß zu verstauchen. Dazwischen müssen wir auch immer wieder Stufen hinauf- und hinuntergehen. Aber das ist auch nicht ohne, denn keine der Stufen hat die gleiche Größe, außerdem sind die Stufen ausgetreten und ausgewaschen. Bei Helmut habe ich immer wieder die Befürchtung, daß er sich verletzt, da er mit seinem Bein nach einer Knieoperation bereits in der Vergangenheit Schwierigkeiten hatte. Außerdem haben wir noch die Filmkameras bei uns und da muß man zusätzlich achtgeben, daß man damit nicht stolpert und hinfällt. Die Frage der Erlaubnis zum Filmen und Fotografieren haben wir zusammen mit unserem Führer klären können. Grundsätzlich ist beides verboten, aber gegen die Gebühr von einem Yüan ist es uns gestattet.

Wir gelangen dann zu einem Gebäude, das offensichtlich die Bibliothek darstellt. Auf dem Gebäude befindet sich ein von weitem sichtbarer, runder, drei Meter hoher Messingturm. Er hat einen Durchmesser von ca. 60 Zentimetern. An den Seiten sind Streben befestigt, die als kleine Drachen nach außen stehen, an ihnen sind kleine Glöckchen befestigt, die im Wind klingen. Hier befinden sich Holzregale mit buddhistischen Schriften. Sie beginnen in einer Höhe von ca. 60 Zentimetern. Erstaunt sehen wir einige Pilger, die unter den Holzregalen entlang kriechen. Auf unsere erstaunte Frage erfahren wir, daß die Pilger damit den Inhalt, vor allem die Klugheit und Weisheit in sich aufnehmen. In Glasvitrinen lagern unzählige Buchrollen und Bücher, die aus einzelnen Blättern bestehen und in einer Art leinenen Kassette mit einem Band verschlossen, aufbewahrt werden. Das Alter der Bücher ist unterschiedlich. Einige sind nach Auskunft unseres Reiseleiters mehrere hundert Jahre alt. Ein genaues Alter kann er nicht angeben. Ich hätte gern so ein Buch, aber Bubu, den ich darauf anspreche, macht mir keine Hoffnung, daß man derartige Bücher oder alte Schriftstücke erwerben könnte. Er erklärt, daß solche Gegenstände gar nicht angeboten werden.

Klöster behalten derartige Schriftstücke in ihrem Besitz, weil es sich um heilige Schriften handelt und die im Familienbesitz von Generation zu Generation weitergegeben werden.

Unser Rundgang führt uns von Gebäude zu Gebäude. Wir sehen die einzelnen Versammlungshallen, die prächtig und farbenfroh ausgestattet sind. So erzählt man uns von den Buddhas der Zukunft, der Vergangenheit, den Buddhas der verschiedenen Himmelsrichtungen, Boddhisatvas aus verschiedenem Material mit unterschiedlichstem Gesichtsausdruck, Gestalten mit 36 Armen, 16 Beinen, mit einem Stierkopf, dämonisch aussehende, mit furchterregenden Gesichtern Schutzgottheiten beiderlei Geschlechts. Bewundernd stehen wir vor prächtigen Wandmalereien, die die einzelnen Episoden der Lebens- und Heilsgeschichte Buddhas zeigen, aber auch Malereien, die menschliche Organe, wie das Herz und Sinnesorgane darstellen. Farbenprächtige Thangkas beeindrucken uns sehr. Die kultischen Einrichtungen werden von uns bewundert. Große Kupferkessel für Yakbutter, Weihrauchgefäße, Kissen der Mönche, auf denen sie beim Gebet knien, große Baldachine, Spruchbänder sieht man in großer Zahl in den verschiedenen Gebäuden. Die Einmaligkeit dieses Landes, der Gebäude, der Menschen sowie ihrer Sitten und Gebräuche werden uns immer deutlicher bewußt. Man kann das Gefühl nicht beschreiben, das einen überkommt, deshalb können auch Beschreibungen, so vollständig sie sein mögen, nicht den Eindruck vor Ort ersetzen.

Ich kann nur versuchen, bei jedem einzelnen die
Sehnsucht zu wecken, sich selbst von den
Schönheiten, Besonderheiten und Merkwürdig-
keiten zu überzeugen.

Einige Besonderheiten müssen aber hervor-
gehoben werden. So ist besonders die große
Vorhalle einer Versammlungsstätte interessant,
die allen Mönchen gleichermaßen dient. Sie führt
in ein Gebäude mit beeindruckend gewaltigen
Säulen. Ich habe mich später kundig gemacht,
mein schriftlicher Reiseführer spricht von 184
Säulen. Während der gesamten Besichtigungstour
haben wir schon immer in der Ferne ein dumpfes
Grollen gehört, das wir uns nicht erklären
können. Nachdem wir nunmehr das letzte
Gebäude besichtigt haben und in Richtung
Ausgang streben, kommen wir an einem
Durchgang an der rechten Seite vorbei.
Erstaunt stellen wir fest, daß der Lärm aus dem
Hof kommt, der von dem Durchgang begrenzt ist.
Neben dem Durchgang stehen eine Unmenge von
Sandalen und einfachen Schlappen. Als wir
unsere Schuhe ebenfalls auf Aufforderung
unseres Führers ausziehen und den Hof betreten,
stellen wir fest, daß eine unübersehbare Zahl von
Mönchen in kleinen Gruppen auf dem Boden
sitzen. Andere stehen vor den Gruppen.
Auffallend sind zwei stehende Mönche, gekleidet
wie alle anderen Mönche, nämlich einem
dunkelrotem Umhang und glattrasiertem Kopf.
Sie schreien auf die am Boden sitzenden Mönche
in großer Lautstärke ein und begleiten ihre
eindrucksvollen Worte mit großen Gesten der

Arme. Zwischendurch klatschen sie in die Hände, dies geschieht deshalb, weil sie ihre Mitbrüder auf sich aufmerksam machen wollen. Sie schreien einzelne ihrer Kollegen an, zeigen mit dem Finger auf sie. Dann erhebt sich ein anderer Mönch und schreit auf die vor ihm sitzende Gruppe ein. Unser tibetischer Begleiter erklärt uns, daß die Mönche den ganzen Tag schweigen müssen. Sie dürfen in der Gemeinschaft nur laut die täglichen Gebete sprechen. Nur einmal am Tag haben sie die Möglichkeit, sich laut mit den Kollegen zu unterhalten und ihr Mißfallen zum Ausdruck zu bringen. So können sie ihre Aggression ausleben. Sie können sich gegenseitig lautstark mit Vorwürfen überziehen und davon machen sie reichlich Gebrauch. Irgendwie seltsam! Wir schauen uns diese Zeremonie eine Weile an und begeben uns dann zu unseren Schuhen. Danach gehen wir langsam in Richtung Ausgang des Klosters. Die Suche nach unserem Auto ist nicht schwer, weil auf dem Klosterparkplatz nur ein einziges steht, nämlich unser Fahrzeug. Unser Chauffeur steht lächelnd am Auto und öffnet uns die Türen.

Langsam setzt sich der Wagen in Bewegung. Auf dem Rückweg haben wir einen wunderschönen Blick auf den Potala-Palast, der in voller Größe und Pracht vor uns liegt. Einen besonders schönen Blick hat man an einem kleinen See vor den Toren von Lhasa. Auf unseren besonderen Wunsch hält unser Landrover, und wir nutzen die Gelegenheit, zu filmen und zu fotografieren. Das blaue Wasser des Sees zeichnet sich klar und rein von der Silhouette dieses großartigen, ganz Lhasa überragenden Bauwerks ab. Beim Stadteingang kommen wir an einem noch nicht fertigstellten Denkmal von monumentaler Größe vorbei. Es handelt sich um das von den Chinesen gebaute Denkmal der Kulturrevolution. Während in China die Fehler und das Unheilvolle der Kulturrevolution klar kritisiert werden, wird hier in Tibet von der chinesischen Führung immer noch der Eindruck zu erwecken versucht, die Kulturrevolution sei etwas Gutes gewesen. Es ist kaum zu vermuten, daß die Tibeter davon begeistert sind, haben sie doch am eigenen Leib erfahren, welch Unheil die jungen Brigaden damals angerichtet haben.

Wir halten an einem Arzneiladen. Helmut will sich eine tibetische Medizin gegen Kopfschmerzen kaufen, da die wenigen Aspirin-tabletten, die ich aus Deutschland mitgebracht habe, wohl für unsere Tibetreise nicht ausreichen werden. Tatsächlich werden wir wegen der großen Höhe des öfteren von Kopfschmerzen geplagt. Außer der Atemnot, die wir schon bei kleinsten Anstrengungen haben, geht es uns aber gut. Helmut ersteht ein grau-braunes Pulver, ein hervorragendes tibetisches Mittel, wie uns unser tibetischer Führer glaubhaft versichert. Na, wir werden ja sehen, Helmut will die Medizin morgen einmal ausprobieren.

Das Stadtbild von Lhasa ist sehr interessant. Neben den großen Regierungsgebäuden, die auch in Peking oder Moskau stehen könnten, sieht man durchweg einstöckige Häuser. Die Läden ohne Schaufenster sehen mehr aus wie Garagen. Rings um uns wuselt der Verkehr, Radfahrer mit uralten Rädern, alle ohne Lampe, aber mit Rückstrahlern, viele mit Beiwagen oder Anhänger, transportieren die Menschen durch die Stadt. Dabei wird alles, was auch nur denkbar ist, auf diesen Rädern transportiert. Bei manchen sitzt die ganze Familie mit Ehefrau und mehreren Kindern auf dem Fahrrad, andere fahren die Eltern oder Großeltern spazieren. Wieder andere transportieren Stoff- oder Heuballen, große Holzkörbe, Maschinen, Hausrat, Sessel, Tische, ja sogar Betten mit den Bettgestellen und natürlich Holzbretter und alle Arten von Lebensmitteln. Daneben lassen sich Passagiere mit Fahrradrikschas chauffieren. Außerdem gibt es motorisierte Karren, die ihre Ladefläche vor dem Fahrer haben. Hinten sieht das Gefährt wie ein Fahrrad mit Hilfsmotor aus. Die wenigen, etwas veralteten Autos sind meist schwarz lackiert. Es sind fast ausschließlich Autos von Regierungsstellen oder Ämtern. Die Autobusse und die Lastwagen sind meist hellblau gestrichen. Würde man sie dem deutschen TÜV vorführen, gäbe es in Lhasa wie in Teilen von China mit Sicherheit überhaupt keinen Straßenverkehr. So aber ist die Straße verstopft und es geht nur langsam voran. Jedes Auto scheint jedenfalls mit einer gut funktionierenden Hupe ausgestattet zu sein. Es wird gehupt, was das Zeug hält. Bald entdecken wir kleinen Lädchen am Straßenrand, die alles anbieten, was man zum Leben braucht.

Die kleinen Tibeter haben durchweg eine unterschiedliche Hautfarbe, von hellweiß bis zu tiefdunkel. Auf der rechten Seite sitzt ein Mann mit einer Nähmaschine, die er mit den Füßen bedient. Er näht Hemden. Wir fahren wieder in der Nähe des Potala vorbei, diesmal kommen wir aber von der anderen Seite und nähern uns nach kurzer Zeit unserem Hotel.

Es ist noch immer drückend heiß, ich schätze 26-27 Grad. Helmut will sich schlafen legen, er fühlt sich nicht gut. Gegen 20 Uhr kommt er noch einmal zu mir aufs Zimmer, obwohl er sich noch nicht entscheidend besser fühlt. Wir entschließen uns, herunter zum Essen zu gehen. Im Restaurant bestellen wir jeder eine Tomatensuppe, dann Helmut noch ein Omelett mit Pilzen und Schinken, ich einen Chefsalat. Da es weder Schinken noch Pilze gibt, nimmt er Ananas. Zum Schluß des Essens gönnen wir uns noch einen Bananenauflauf mit Eis. Seit gestern habe ich auch Helmut zu Wasser bekehrt, Alkohol riskiert auch er nach seinem gestrigen Erlebnis nicht mehr. Gegen 21.30 Uhr gehen wir auf unser Zimmer. Vorher klären wir noch bei der Rezeption, daß wir unser großes Gepäck hier im Hotel, d.h. sogar in unserem Zimmer lassen können, wenn wir morgen auf unsere Überland-Tour gehen. Wir sollen nur ein Zimmer räumen und zwar das Zimmer von Helmut. Den genauen Grund sagt man uns nicht. Helmut gebe ich noch eine Aspirin. Ich schreibe die letzten meiner immerhin doch 37 Karten. Diesmal will ich schnell meinen Verpflichtungen nachkommen.

Ich bekomme zwar auch gern Postkarten von lieben Freunden, die Vielschreiberei ist allerdings nicht so mein Ding.

Ich schalte das Fernsehen an. Im chinesischen Programm wird ein Tennisturnier mit internationaler Besetzung aus Peking übertragen. Es findet in der Nähe von unserem Hotel in Peking statt. Wir sind schon in Peking darauf aufmerksam geworden, weil neben dem großen freien Platz vor dem Hotel ein Zelt stand, wo die Chinesen mittels eines Computers und eines Tennisschlägers ihre Schlagstärke ausprobieren konnten. Dort konnte man auch Eintrittskarten kaufen. Auch unser Hotel in Peking machte Reklame für das Turnier und den Star, den Amerikaner mit chinesischer Herkunft, Michael Chang.

Gegen 22.30 Uhr gehe ich ins Bett, aber auch diese Nacht schlafe ich zunächst nur schlecht ein und wache immer wieder auf. Schon wenn ich mich auf die andere Seite wälze, schwitze ich und bin außer Atem. Bis 3 Uhr schlafe ich nicht richtig, dann nehme ich eine Aspirin. Endlich schlafe ich tief und fest und wache erst um 4.45 Uhr auf

## Überlandtour nach Shigatse

Nach dem Aufstehen gehe ich zum Fenster und schaue nach draußen. Durch das geöffnete Fenster atme ich die reine kühle, aber nicht kalte Luft ein. Im Garten unter dem Fenster ist es ruhig. Am Rande des Schwimmbades befindet sich eine kleine Brücke, die in das Wasser hineinragt. Wahrscheinlich ist sie für die Enten gedacht, damit sie von dort besser ins Wasser springen können. Sie sitzen zusammengekauert im Hof unter dem Fenster und ruhen sich von dem Lärm aus, den sie in der vergangenen Nacht veranstaltet haben. Ein Mann mit Strohhut auf dem Kopf kehrt mit einem Reisigbesen den verdorrten Rasen. Jedes Blättchen kehrt er vom Rasen auf den Weg, um sie dort einzusammeln. In der Mitte des großen Wasserbassins steht eine große Plastik aus Beton, zwei hohe Pfeiler ragen etwas verloren in den Himmel. Die Sonne glänzt auf dem goldenen Dach des Pavillons. Die Liegestühle aus Holz sind noch leer, ebenso die dahinterstehenden Tische und Stühle. Es riecht nach Rauch aus Holz und Weihrauch. Zwei Kellnerinnen mit weißen Blusen und roten Hosen schauen ab und zu in den Garten, verschwinden aber gleich wieder, weil keine Gäste im Garten sind. Der Himmel ist tiefblau. Bevor wir zum Frühstück gehen, tragen wir die Helmuts Koffer in mein Zimmer, dann gehen wir zum Frühstück. Vorher aber gebe mächtig stolz meine geschriebenen Karten bei der Poststelle im Hotel ab. In der Lounge und im Frühstückssaal spielt amerikanische Musik im Radio.

Helmut nimmt zum Frühstück noch eine Aspirin. Heute ist der Raum ziemlich leer. Während gestern noch etwa 130 Personen beim Frühstück saßen, befinden sich jetzt nur etwa 30 Leute an unserem Tisch. Vor unserem heutigen Ausflug schaut Helmut im Office-Room nach Faxen und Nachrichten aus China und Deutschland. Gegen 9.30 Uhr soll es losgehen. Wir packen unser Handgepäck zusammen, schauen noch in unserem Zimmer nach. Es ist jetzt 9.10 Uhr. In der Lounge sehen wir den Ober, der uns gestern beim Mittagessen bedient hat. Es ist ein großer, blonder Holländer, der für zwei Jahre im Hilton in Düsseldorf gearbeitet hat und seit etwa acht Wochen hier ist. Er hat uns erklärt, daß es in Deutschland und in Europa die Position eines Assistent-Managers nicht gibt. Nur in Asien gäbe es die Möglichkeit, befördert zu werden. Aus diesem Grund habe er sich nach Asien gemeldet. Daß er nach Tibet versetzt werde, habe er nicht gedacht. Normalerweise sei der Job für zwei Jahre ausgeschrieben, aber meistens hielten es die Leute nur ein Jahr aus.

Während wir auf unseren Fahrer und den tibetischen Führer warten, sehen wir viele Touristen, die nach Hause reisen. Jetzt kommen wir auch dazu, uns in Ruhe in der riesigen Eingangshalle des Hotels Holiday Inn umzusehen. Gegenüber dem Eingang befindet sich ein ca. zehn mal drei Meter großes Wandbild. Es zeigt ein großartiges Bergpanorama Tibets in Wolken. Rechts neben dem Eingang steht eine große Ladentheke mit holzgeschnitzten

Löwen und anderen Tieren.. Dahinter sitzt eine Frau, die Steinfigürchen und Schmuck aus Silber und Jade verkauft. Neben dieser Theke führt die Treppe mit einem Messinggeländer zum großen Frühstücksraum im ersten Stock empor. Neben der Treppe an der Wand hängt eine große Thangka, ca. vier mal zwei Meter groß. Auf der anderen Seite der Lobby ist der große Empfangsbereich, an dem Helmut jetzt unsere Schlüssel abgibt. In der Empfangshalle befinden sich verschiedene Sitzgruppen. Sie haben dunkelbraun gestrichene Holzgestelle mit blauen Polstern, die mit weißen Kronen verziert sind.

Endlich erscheint unser Reiseführer in der Halle. Er entschuldigt sich für die Verspätung, aber es dauerte etwas länger, ehe das Permit für unsere Reise in das Landesinnere, nämlich für Shigatse und Gyantse ausgestellt werden mußte. Das normale Permit reicht nur für Lhasa. Wir nehmen unsere Stammplätze im Auto ein. Vorne links sitzt der Fahrer, daneben unser Führer Bubu. Hinter dem Fahrer sitzt Helmut und rechts neben ihm sitze ich. Zunächst fahren wir die gleiche Strecke wie auf dem Wege vom Flughafen zum Hotel in Lhasa, kommen am großen Zementwerk und einer Fabrik für Lehmziegel vorbei. Das Tal, durch das sich die breite Straße zieht wird an beiden Seiten von großen Bergen begrenzt. Viele Arme des Brahmaputras durchziehen die weite Ebene. Der Fluß und seine mäandernden Ausläufer führen nur wenig Wasser. Ab und zu sieht man einen Bauern auf dem Feld, der ein Yak mit einem Pflug vor sich hertreibt.

Wir sehen Dorf. Die Dörfer sind hier sämtlich mit einer drei Meter hohen Mauer aus Lehmziegeln umgeben. Vorne an der Straße gibt es ein großes Holztor, das tagsüber geöffnet und nach Auskunft unseres Führers bei Dunkelheit geschlossen wird. Die Lehmhäuser, die Höfe und freien Plätze liegen alle innerhalb der Umgrenzungsmauer. Meist sind die Dörfer nur etwa 5-10 Häuser groß und stehen oft in der Nähe eines Flußlaufes. Die Felder mit Bewässerungskanälen befinden sich in der Nähe des Dorfes. Vor diesem Dorf am Straßenrand liegen etwa 10 Yakhäute zum Trocknen auf dem Boden.

Das Tal wird nun enger, die Abhänge der Berge reichen auf der rechten Seite bis an die Straße. Es scheint, als ob man in durch einen Kessel fahren würde. Der Fahrer, ein kleiner, freundlicher Tibeter, ist die Ruhe selbst. Schon in Lhasa hatte man den Eindruck, daß er nicht aus der Ruhe zu bringen ist. Alles Gehupe und Geklingel läßt ihn völlig kalt. Er hat Wollhandschuhe an, fahrt wie ein Henker so um die 80-90 km/h. Das Radio hat er den ganzen Tag an, wir verstehen nichts, aber unser Führer erklärt uns auf Nachfrage, daß es sich um tibetische Volksmusik handle. Wenn ein ganz eintöniger Singsang zu hören ist, kann man davon ausgehen, daß es religiöse Gesänge des Buddhismus sind. Die Straße hat zahllose Schlaglöcher und Unebenheiten, so daß man alle paar Minuten oder Kilometer durch die Luft fliegt. Während ich in den ersten Minuten Probleme hatte, nicht andauernd mit dem Kopf gegen die Wagendecke zu knallen, habe ich jetzt meine persönliche Taktik entwickelt, habe also den Kopf zwischen die Schultern gezogen und eine mehr liegende Haltung eingenommen. So fliege ich zwar immer noch ein Stück hoch, stoße aber oben nicht mehr an. In dieser Position kann man auch im Fahren besser Filmen. An der Straße stehen in regelmäßigem Abstand auf beiden Seiten Birken. Die Birke scheint der bevorzugte Baum in Tibet zu sein. Wir staunen. Man fährt des öfteren sogar durch größere Birkenwälder. Die Blätter der Birken sind von grün bis gelb gefärbt. Auf der linken Seite steht ein chinesisches Militärlager zu sein, Militärlastwagen und Soldaten und Baracken sieht man in größerer Anzahl.

Der Boden scheint an manchen Stellen sehr fruchtbar zu sein. Immer wieder gibt es kleine Wasserläufe, die in die Felder geleitet werden. Wir kommen an einem sehr großem Dorf mit etwa 40-50 Häusern aus gebrannten Lehmziegel vorbei. Auch dieses Dorf ist von einer großen Mauer umgeben. Wir müssen halten, weil eine große Herde von Ziegen und Schafen gemächlich über die Straße wandert. Hier ist der Boden karg. Einige Esel stehen rechts am Weg. Es ist erstaunlich, wie die Tiere hier überleben können. Der Boden ist kahl und die Esel und Schafe fressen Flechten am Straßenrand. Blumen sieht man nicht, teilweise gibt es etwas spärliches Gras, sonst nur viel Geröll, Sand und Kies. Ab und zu gibt es kleine fruchtbare Stellen, in denen Bauern mit ihren Yaks die Felder bestellen. Ab und zu sieht man auf Berghöhen auch kleine Klöster und

Klosterruinen. Im tiefen Tal unten tost das grün-weiße Wasser des gelben Flusses, der später in China ins Meer mündet. Hier hat er seinen Ursprung. Der Fluß hat eine Schlucht von mehr als hundert Meter Tiefe in das Bergmassiv geschnitten. Die Berge sind zerfurcht von Längsrinnen, in denen zur Zeit der Schneeschmelze das Wasser von den Bergen herabfließt. Sie sehen aus wie faltige Haut eines großen Elefanten. Die Straße ist hier sehr eng, sie ist direkt an den Berg gelehnt. Auf unsere Bitte hält der Wagen, wir steigen aus und filmen diese einmalige Aussicht auf den reißenden Fluß unter uns. Nach einigen Kilometern Fahrt öffnet sich die Schlucht zu einer großen Ebene. Dennoch ist weit und breit keine Ansiedlung zu sehen. Der Fluß ist jetzt fast einen Kilometer breit. An den Abhängen der Berge haben sich riesige Sanddünen abgelagert. Die Wolken werfen gespenstische Schatten auf die kahlen Berge. Der Wind ist so stark, daß man fast weg weht. Er ist als Dauergeräusch zu hören. In der Ferne sieht man eine Fähre. Sie besteht aus einem großen Yakfell. Ein Steuermann rudert das eigentümliche Boot. In der Mitte stehen rechts und links 6 oder 7 Passagiere. Neben dieser Personenfähre gibt es auch noch eine Fahrzeugfähre. Sie fährt auf Zuruf und besteht aus einem Motorschlepper und einem Ponton, das längsseits neben dem Schlepper liegt und für den Transport von Autos gedacht ist. Auf die Fähre passen wohl nur ein Lkw und ein Pkw. Sie setzt sich jetzt in Bewegung, weil auf der anderen Seite ein Lastwagen hupt. Das Wasser des Flusses schimmert hellgrün. Mitten im Fluß sieht man große Sandablagerungen. Langsam fahren wir zu der Stelle, wo der Kahn landen soll. Die Kurven der Straßen sind immer in Fahrbahnen abgeteilt Dabei sind große viereckige Steine im Abstand von 15 Zentimetern in die Straße eingelassen sind, so daß ein Überholen gar nicht möglich ist. Zwischendrin ist die Straße durch Steinschläge und durch Wasserrinnsale, die die Straße überschwemmen, aufgebrochen, so daß riesige Schlaglöcher entstanden sind. Manchmal sieht man einzelne Menschen und fragt sich, wie weit es bis zur nächsten Siedlung ist. Wahrscheinlich haben die Menschen nicht nur viel Zeit, sondern sind auch gut zu Fuß. Seltener sieht man Leute mit großen Heubündeln auf dem Rücken. Nirgends sind Dörfer oder Ansiedlungen zu finden. Wir fahren durch ein ausgetrocknetes Flußbett, das im Winter und im Frühjahr durch überflutet sind. Riesige Seitentäler öffnen sich. Es handelt sich um ausgetrocknete Flüsse, die jetzt kein Wasser führen. Neben dem Fluß liegen Felder, die zum Teil nicht größer als 25 qm. Die Menschen nutzen jeden Quadratmeter, um etwas Gemüse anzubauen. Das Grün dieser kleinen Felder fällt als Farbtupfer in der unwirtlichen graubraunen Landschaft aus Felsen, Geröll und Sand und dem grün-blauen Fluß wirkt wohltuend auf das Gemüt. Eine Brücke führt die Straße über ein ausgetrocknetes Seitenbett eines Flusses. Da die Straße immer mehr bergab führt, der Fluß aber in Gegenrichtung fließt, scheint es, als wenn der Fluß bergauf fließen würde. Die Fahrt ermüdet mich derart, daß mir immer wieder die Augen zufallen. Zu einem richtigen Schlaf kommt man aber nicht, weil der Kopf immer wieder gegen das Dach schlägt, weil die Straße mit metertiefen Schlaglöchern übersät ist. Helmut bittet unseren Führer um eine Pause. Erstens sind wir todmüde, zweitens sind wir auch ganz schön hungrig. Ein Dorf oder etwa eine Raststätte gibt es weit und breit nicht. Unser Führer verspricht uns aber, bald Mittag zu machen. Ich bin gespannt, wie das Mittagessen aussehen wird. Auf einem Hügel sieht man in der Ferne ein Kloster. Es ist das erste seit Lhasa und soll nach Angabe unseres Führers das früheste Kloster Tibets gewesen sein. Da es aber auf der anderen Seite des Flusses liegt und eine Brücke viele Kilometer entfernt ist, gibt es für uns keine Möglichkeit zur Besichtigung.

Zum Mittagessen halten wir in einem kleinen Dorf. Es ist ein Verkehrsmittelpunkt und dient als Haltepunkt für die einheimischen Omnibusse, außerdem gibt es hier eine Fähre über den Fluß. Das ganze Dorf besteht aus einer Durchgangsstraße und mit jeweils sechs Häusern auf jeder Straßenseite. Wir gehen zu einem kleinen Haus. Unser Führer hat ein großes Paket in der Hand, das er im Dunkel des Hauses auspackt, nachdem wir an einem kleinen, niedrigen Tisch Platz genommen haben. Ein Lunchpaket, das er wohl aus unserem Hotel in Lhasa mitgenommen hat, wie sich herausstellt. Die Wirtin macht uns eine große Thermoskanne Buttertee, den wir aus heißen Porzellankranich-Schalen trinken. Es umlagert uns eine Gruppe von Kindern jeden Alters. Sie sind meist ziemlich schmutzig und zerlumpt. Neugierig einerseits, verschämt andererseits, jedenfalls aber hungrig, stehen sie vor uns und laufen davon, wenn wir zu ihnen hinsehen. Das „Freßpaket" besteht aus einem Apfel, zwei hartgekochten Eiern, einem großen Entenschenkel, einem Stück trockenen Weißbrot und einem großen Stück Kuchen, das auf zwei Stäbchen aufgespießt ist. Weiter gibt es Gemüse und Pommes frites, die in Alufolie eingeschweißt sind. Der Führer und die Fahrer fangen an, ihre Entenschenkel an die Kinder zu verteilen. Das ist für das Zeichen, auf das wir nur gewartet haben. Auch wir geben unser Essen an die freudig erregten Kinder und einen alten Mann, der wohl schon lange nicht mehr eine so gute Mahlzeit bekommen hat. Die kleinen Kinder haben schmutzige Gesichter und die Hände sind kohlrabenschwarz vor Dreck. Sie sind froh, daß sie von uns etwas zu Essen bekommen. Zwei Kinder wollen die Äpfel, die wir ihnen geben, nicht annehmen. Die zieren sich weniger und nehmen, was sie von uns bekommen können. Die kleinen Mädchen mit bunten Bändern in den Haaren beobachten jede unserer Bewegungen und berichten ihre Entdeckungen ihrer Mutter. Der Buttertee ist nicht unbedingt unser Geschmack. Er schmeckt wie eine Mischung aus Tee und Bouillon und hat eine hellbraune Farbe. Eine Tasse habe ich mit Mühe gerade so herunter bekommen, mehr schaffe ich beim besten Willen nicht. Unsere tibetischen Freunde schlürfen den Tee mit großem Genuß. Es muß wohl an uns liegen, denn auch anderen Tibetern, die den

Raum betreten, mundet dieses köstliche Getränk. Mich sprechen schon die Fettaugen dieses Tranks nicht besonders an. Wenn wir jetzt noch über die Straße holpern, weiß ich nicht, was mein Magen macht. Unser Fahrer kann jedenfalls nicht langsamer als 80 km/h fahren, meist bringt er es auf 100 km/h und mehr. Wir fahren durch eine weite Flußebene, durch die sich der Fluß in großen Bögen schlängelt. Wir befinden uns mittlerweile auf einer Höhe von 3.800 Meter, wie uns unser Führer erklärt. Das Flußbett ist hier etwa 400-500 Meter breit, überall sieht man große Sanddünen, durch die der Fluß langsam fließt. Zur Zeit des Hochwassers ist an dieser Stelle ein großer See. Wir scheinen jetzt die tiefste Stelle zu erreicht zu haben, bis jetzt ging es immer bergab, jetzt geht es nach Verlassen des Tales wieder bergauf. Wir folgen noch immer dem Fluß Brahmaputra, der an dieser Stelle aus zahlreichen kleinen Flußläufen besteht. Die Ebene wird nun immer größer und erreicht teilweise eine Breite von 600-800 Meter Breite. Der kleinste Raum, das kleinste Stückchen Erde wird von den Bauern genutzt. Überall arbeiten Männer und Frauen, um dem wenigen fruchtbarem Boden, Gemüse oder etwas Getreide für den täglichen Bedarf abzuringen. An vielen Stellen bauen die Menschen kleine Kanäle und Dämme, durch die sie das Wasser zu ihren Feldern ableiten. Die Häuser sind aus Kuhmist und Lehm gebaut. Wir kommen an einem Platz in unserer rasenden Fahrt vorbei, an dem Leute mit Dreschschlegeln Heu dreschen. Der Fahrer bremst plötzlich scharf ab, wir schleudern nach

vorne und oben, was unseren Köpfen nicht gut
bekommt. Sicherheitsgurte sind in dieser Gegend
der Welt völlig unbekannt. Eine Schafherde zieht
vor uns ihre Bahn. Gemächlich bewegen sich die
Tiere auf der Fahrbahn. An ein Ausweichen ist
nicht zu denken, da an dieser Stelle auf der
rechten Seite ein Steilufer zum Fluß hinunter-
führt und links neben der Straße der steile
Abhang eines Berges liegt. Plötzlich sieht man
einen spitzen Kegel inmitten der ebenen
Landschaft. Dieser Berg hat den Namen
Fischberg und soll nach tibetischer Überlieferung
ein heiliger Fisch gewesen sein, der vor vielen
Millionen im Brahmaputra schwamm. Die Spitze
des Hügels dient als Beerdigungsplatz.
Hier finden die Naturbeerdigungen statt.
Die Toten werden von den Angehörigen
ausgezogen und den Geiern zum Fraß hingelegt.
Dieser Hügel soll nach anderer Überlieferung aus
Indien herbeigeschwebt sein. Er wird an der Seite
von einer riesigen Sanddüne begrenzt. Der Sand
wird vom Wind der Taklamakan-Wüste herbei
geweht. Berge begrenzen überall die Straße. Am
Straßenrand stehen jetzt immer wieder Menschen,
die ein Zeichen geben, daß sie mitgenommen
werden wollen, denn wir scheinen uns einer Stadt
oder größeren Ansiedlung zu nähern.

Plötzlich erscheint eine Reihe von weiß
gestrichenen Baracken. Davor steht eine riesige
Parabolantenne. Hier ist ein großes chinesisches
Militärlager. Wir sind in Shigatse angekommen
und wohnen im gleichnamigen Hotel. Es sieht
von außen unscheinbar, ja primitiv aus und macht

einen verwahrlosten Eindruck. Weder Autos noch
Busse stehen auf dem großen Parkplatz. Auch im
Hotel sieht man keine Gäste. So habe ich mir
immer das Ende der Welt vorgestellt. Hier ist
wirklich buchstäblich der Hund begraben. Viele
Touristen werden sich wohl nicht hierher
verirren, geschweige denn Geschäftsleute. Unser
tibetischer Führer regelt die Anmeldeforma-
litäten. Dann gehen wir auf unsere Zimmer.
Meines ist zu unserem Erstaunen besser
eingerichtet als das Holiday Inn in Lhasa. Neben
dem Fernsehapparat liegen ein Paar schöne große
Gummipantoffeln. Sie sind also durchaus
geeignet für das Badezimmer. Die Badezimmer-
kacheln sind zwar ausnehmend scheußlich und im
Spiegel kann ich mich wegen des großen
Sprunges doppelt sehen, aber bei der Toilette
haben sie keine Kosten und Mühen gescheut, und
so verkündet eine Aufschrift in Chinesisch,
Tibetisch und Englisch, daß dieses WC sterilisiert
ist.. Die Kacheln reichen nur etwa bis zu einer
Höhe von 1,50 Meter, oberhalb davon befindet
sich eine braune, verblichene Tapete mit einem
hellen Muster. Vor der Badewanne, die keinen
vertrauenserweckenden Eindruck macht, befindet
sich ein blauer Vorhang mit weißen Punkten.
Zwei gelbliche Handtücher liegen auf dem Rand
der Wanne neben dem Stöpsel. Die Wanne ist
schon ziemlich abgenutzt, die Emaille hat viele
kleine Risse. Die ehemalige weiße Farbe ist jetzt
hellgrau mit Rostflecken um den Auslauf herum.
Ich bin mir ganz sicher, baden werde ich hier
sicher nicht. Auch die Kacheln über der Wanne
fehlen zum Teil oder hängen lose herab. Die

Badezimmertür ist schmutzig braun, an der Innenseite befindet sich ein gebogener Nagel, an den man die Kleider aufhängen kann. Auch für Toilettenpapier ist gesorgt, aber nicht in Form einer Rolle, sondern wunderschön zusammengefaltet. Außerdem gibt es im Bad eine weiße Waschschüssel. Sie ist mit roten, aufgeklebten Blumen verziert. Der Schalter für das Badezimmer ist auch etwas seltsam angeordnet, er befindet sich 50 Zentimeter über der Badewanne, man findet ihn deshalb nicht sofort. Die Ausstattung ist zwar für unseren Geschmack alles andere als schick oder modisch, aber es gibt außer einer Zahnbürste mit Zahnpasta, einen Kamm, eine Duschhaube, Seife und ein Handtuch. Ganz schön luxuriös!

Es klopft und ein tibetisches Mädchen stellt eine Thermoskanne mit Jasmintee aus Chengdu auf den Tisch. Die Teetassen stehen schon dort. Wir sind um 2.55 Uhr angekommen und werden um 3.30 Uhr losfahren, um ein Kloster zu besichtigen. Auf den Schrecken trinke ich erst einmal eine Tasse Tee, bevor ich mich frisch mache. Im Gegensatz zu Lhasa hat man hier auch den Luxus eines Radio mit Fernbedienung vom Bett aus. Es ist kalt im Zimmer und so tut mir der Tee gut, er wärmt mich ein wenig durch.

## Die Residenz des Pantschen- Lamas

Zur vereinbarten Zeit fahren wir zu einer großen Tempelanlage, die unmittelbar an einem Bergabhang liegt. Von weitem könnte man denken, sie bilde mit dem Berg eine unauflösliche Einheit. Das Eingangstor, das vom ersten Dalai Lama gebaut wurde, wird von einem Holztor verschlossen. Wir betreten einen großen gepflasterten Vorhof. Dieser Bezirk enthält neben den Tempelanlagen auch die Residenz des Pantschen Lama. Vor der Kulturrevolution gab es hier 6000 Mönche, jetzt sind es nur noch 600. Der Vorhof ist eine große Baustelle. Auf Lastwagen werden Steine aufgeladen. An einer Wand des Vorhofes sind ca. 20 Gebetsmühlen aus Messing angebracht, die von den wenigen Gläubigen mit den Händen gedreht werden. Im Gegensatz zum Potala sind die Tempelanlagen völlig leer. Touristen sehen wir nicht und nur eine Handvoll gläubiger Tibeter üben ihre rituellen Handlungen aus. Direkt vor uns gegenüber dem Eingangstor steht das Gebäude des Buddhas des zukünftigen Lebens. An der Seite des Vorhofs befindet sich das Spital des Klosters. Die Mauern sind weiß getüncht, aber die Farbe blättert schon wieder ab, obwohl die Renovierung erst 1990 statt fand. Während wir auf unseren Führer warten, der noch nicht zu uns gestoßen ist, schaue ich mich um. Angestellte des Klosters kehren mit Reisigbesen den gepflasterten Hof. Das ist aber nicht einfach, weil ein starker Wind Sand und Staub über den Hof

weht. Eine Unzahl von Hunden lagert auf dem
Areal. Eine Bettlerin sitzt auf dem Boden. Als wir
ihr einige Geldmünzen geben, zeigt ihr
windgegerbtes, braunes, zerfurchtes Gesicht ein
leichtes Lächeln, das ihre Goldzähne sichtbar
werden läßt. Das ist ein Zeichen von Wohlstand,
bemerkt unser Führer, was für uns wohl bedeuten
soll, daß Almosen in diesem Fall nicht angebracht
gewesen sind. Wir gehen an der Mauer mit den
Gebetsmühlen entlang, ebenso wie die Gläubigen
drehen auch wir die einzelnen Mühlen. Danach
gehen wir zu der Reihe der Glocken, die wir
ebenfalls mit der Hand zum Klingen bringen.
Jetzt beginnt der beschwerliche Aufstieg zu den
Klostergebäuden.

Es fällt uns nicht leicht, auch wenn es nur 100
Meter sind. Es geht ziemlich steil hinauf und der
Gang über die ungleichen Quader des
Steinpflasters ist beschwerlich. Außerdem
befinden wir uns immerhin auf 4.000 Meter
Höhe, 100 Meter über dem Niveau der Stadt
Shigatse. In der Ferne sehen wir eine Thanka-
Wand. Jedes Kloster hat eine derartige Wand, an
der zum Thanka-Fest die große Thanka
aufgehängt wird. Als wir uns dem großem
Gebäude vor uns nähern, ist ein riesiger 30 Meter
hoher Buddha von weitem zu sehen. Er ist mit
einer Goldauflage von 2400 Pichel Gold, einer
tibetischen Gewichtseinheit, geschmückt. Als wir
in das Innere diese Gebäudes kommen, sehen wir
ein Bildnis des 1989 verstorbenen Pantschen
Lama. Davor stehen brennende Butterlichter.
Ein betender Mönch verbeugt sich vor dem Bild

und murmelt Gebete. Wir gehen durch einen dunklen Gang, der nur durch eine Kerze beleuchtet ist und hinter der großen Buddhafigur vorbeiführt. Jetzt wird es etwas heller. Ein Fries mit kunstvoller Schrift in Tibetisch und in Sanskrit berichtet von der Lebensgeschichte Buddhas.

Buddha d.h. der Erleuchtete wurde im 5 Jh. vor unser Zeitrechnung in Kapilavastu, im Norden Indiens nahe der Grenze zum heutigen Nepal als Sohn des Fürsten Shuddodana geboren. Mit 16 Jahren heiratete er, zog sich dann aber mit 29 Jahren in die Einsamkeit und Askese zurück. Nachdem er mit 36 Jahren die Nutzlosigkeit der Askese erkannt hatte, zog er sich in völlige Meditation unter dem Bodhibaum in der Nähe von Gaya am Naranjana-Fluß zurück. Nach mystischen Erscheinungen zog er dann bis zu seinem Tod mit 80 Jahren im Land umher und verkündete seine Lehre von der Wahrheit.. Nach seinem Tod erhielt er den Titel der „Erleuchtete". Seinen fünf ehemaligen Schülern verkündete er die vier wesentlichen Erkenntnisse: „Die vier edlen Wahrheiten":

1. Die <Edle Wahrheit> vom Leiden
2. Die <Edle Wahrheit> von der Leidensent-
   stehung
3. Die <Edle Wahrheit> von der Leidensaufhebung
4. Die <Edle Wahrheit> vom rechten Pfad zur
   Leidensaufhebung

Aus den Lehren des Buddha hat sich dann eine der eindrucksvollsten Lebensphilosophien des asiatischen Raumes und später eine der wichtigsten Weltreligionen entwickelt.

Der Buddha sitzt auf einer Lotusblüte. Die große Figur besteht aus gehämmertem Messing, der Körper Buddhas selbst aus vergoldeter Bronze. Wenn man aus dem Ausgang nach draußen blickt, kann man viele Gebäude mit goldenen Türmen sehen. Überall hört man das leise Klingen von Glocken, die der Wind bewegt.

Wir vier gelangen zum Grabmal des zehnten Pantschen Lama, das aus purem Gold gefertigt ist. Dieser Tempel ist erst 1990 eröffnet worden. In den letzten Jahren wurde er renoviert. An der linken Wand steht eine Reihe von Buddhafiguren, darunter auch einige, die uns eigenartig vorkommen. Der Gott der Beschützer wird auf unterschiedliche Weise in vielen Darstellungen gezeigt. So erscheint er in der Gestalt eins Yaks mit bekleideten Unterteil, da er sonst nackt ist. Ein tausendfacher Buddha fällt uns auf, weil er neben den vielen Armen und Beinen auch noch Augen in den vielen Händen hat.

Jetzt wird die Tür zu diesem Tempel geschlossen, die letzten Besucher und Pilger bittet man heraus. Wir gehen zum Grabmal eines anderen Pantschen Lamas. Ganz erstaunlich, welch große Anzahl von riesigen Halbedelsteinen, teilweise zwischen 5-10 Zentimeter groß, vor dem prächtigen Thron liegen. Hier hat jeder Pantschen Lama ein eigenes Grabmal mit Kapelle oder Tempel. Auf dem Fußboden befinden sich Symbole, die an Hakenkreuze erinnern. Viele Thankas schmücken

die Wände, es sind auch einige alte darunter.
Auch hier umkreisen wir wieder die Figur und
folgen damit dem Ritual der Gläubigen. Die Figur
selbst, eine Nachbildung des Pantschen Lama, ist
mit einem Umhang, einer roten Mütze und einer
goldenen Krone ausgestattet. Er war nach
Auskunft unseres Führers Bubu beim Volk sehr
beliebt. Das Grabmal wurde deshalb allein durch
Spenden errichtet. In Nischen an den Wänden
sieht man unzählige kleine Buddhafiguren, nicht
größer als 17 Zentimeter, aber alle mit
unterschiedlicher Haltung der Arme oder Beine
oder unterschiedlichem Gesichtsausdruck. Durch
eine Tür gelangen wir in einen großen Hof. Es ist
der Versammlungshof der Mönche für besondere
Festtage. Dann wird in Bronzekesseln von zwei
Meter Durchmesser Tee für alle gekocht.
Die Seitenwände des Hofes werden von
Gebäuden begrenzt. Die Mauern dieser Gebäude
sind mit Buddhafiguren geschmückt. In einem der
vor uns liegenden Gebäude sind Reliquien von
Pantschen Lamas aufbewahrt. In diesem Raum
sieht man auch wieder das rechtsläufige
Hakenkreuz. Es ist das Zeichen des Pantschen
Lamas und ein Symbol der Festigkeit und
Ausdauer.

Interessiert gehen wir durch enge Gassen, in
denen die Quartiere der Mönchen liegen.
Junge und alte Hunde liegen mitten auf dem Weg
und schlafen. Wir kommen jetzt langsam zum
Ende unserer heutigen Besichtigung. Darüber
sind wir nicht besonders unglücklich, denn die
ganze Tour war heute sehr anstrengend. Atemnot

und Kopfschmerzen sind unsere ständigen Begleiter auch bei kurzen Wegstrecken..

Es ist 17.15 Uhr, wir sind jetzt nach den großen Strapazen wieder im Hotel angekommen. Unser Reiseführer ist plötzlich verschwunden, deshalb gehen wir zunächst einmal auf unser Zimmer. Das Abendessen ist für 19.30 Uhr vorgesehen. Im Zimmer lege ich mich erst einmal aufs Bett. Die Deckenlampe besteht aus Neonröhren, deren Fassungen mit Gardinenhaken an der Decke befestigt sind. Sie spendet nur ein fahles Licht. Der ganze Raum macht einen kalten, unfreundlichen Eindruck. Nach einigen Minuten gehe ich zu Helmut, um ihn zum Abendbrot abzuholen. Es geht ihm nicht gut. Er fühlt sich schwach und zerschlagen und hat wahnsinnige Kopfschmerzen Ich hole aus meinem Zimmer eine Aspirin-Tablette. Nur langsam schleppt er sich zum Speisesaal. Der riesengroße Raum ist spärlich besetzt. Nur ein Tisch in einer Ecke ist mit zwanzig Personen, einer Reisegruppe aus den USA besetzt, an zwei anderen Tischen für zwanzig Personen sitzen jeweils ein Engländer und ein Franzose. Auch an unserem Tisch, an dem wir vier, die beiden Tibeter, Helmut und ich Platz genommen haben, ist noch Platz für weitere sechzehn Personen. Die wenigen Menschen in diesem großen Raum, die kalte Ausstattung im Stil der fünfziger Jahre des zwanzigsten Jahrhunderts erinnern an die Atmosphäre der Stalinzeit in der ehemaligen Sowjetunion. Der nackte Steinfußboden macht die Kälte des ungeheizten Raumes zusätzlich deutlich. An einer

Seite in der Nähe der Küche ist ein großes Büfett mit allerlei Speisen aufgebaut. Helmut will gar nichts essen und so pilgere ich allein zum Büfett, um mir die Köstlichkeiten anzusehen. Bei den Speisen verfliegt mein Appetit sehr schnell, es handelt sich ausschließlich um Spezialitäten der tibetischen Küche, die den normalen europäischen Mägen nicht in Begeisterungs- stürme ausbrechen lassen. Das viele fette Hammel- und Yakfleisch und Buttertee über- fordern uns etwas. So nehme ich mir zunächst einen Teller Suppe und bringe Helmut auch einen mit. Danach werde ich weitersehen. Die Tibeter haben sich nicht so viel Zeit gelassen beim Aussuchen, unsere Fahrer hat die Suppe, an der unser Bubu noch genüßlich schlürft, hinter sich und ist schon bei einem der Hauptgänge angekommen. Er hält einen großen Knochen in der Hand, der wenig Fleisch und dafür mehr Fett enthält und reißt mit den Zähnen größere Teile des triefenden Fettes ab. Die Suppe ist auch nicht gerade unser Geschmack, viel Fett und Knochen ohne besondere Würze. Helmut nimmt zwei Löffel, ich komme auf vier. Die übrigen Europäer an den anderen Tischen essen auch sehr wenig. Wir werden wohl alle mehr oder weniger hungrig zu Bett gehen. Die Amerikaner haben sich offenbar ihr Essen selbst mitgebracht. Sie packen ihre Verpflegung aus großen Papiertüten aus. Das Büfett wir von ihnen nicht besucht. Als Getränk hat jeder von uns eine Dose bekommen, Gläser scheint es nicht zu geben. Jedenfalls sieht man keine. Auch die Bedienung ist Mangelware. Nach vorsichtigem Nippen trinken wir den

Fruchtsaft oder so etwas ähnliches. Genau können wir nicht erkennen, um welche Art von Saft es sich handelt. Jedenfalls ist es entgegen den Angaben unseres Führers kein Apfelsaft, mehr ein Chemiekonzentrat. Auf alle Fälle ist es zuckersüß. Unsere Tibeter hauen inzwischen rein, sie hätten sie wochenlang nichts zu essen bekommen und würden gewissermaßen auf Vorrat essen, da es solche Köstlichkeiten so schnell nicht mehr geben würde. Wir haben dafür Verständnis und so sitzen wir noch lange Zeit bei unserer Limonade und schauen ihnen beim Essen zu. Wir haben den Tibetern auch höflich klargemacht, daß unsere Appetitlosigkeit nicht mit dem angebotenen Essen, sondern der ungewohnten Höhe zusammenhängt.

Nach dem Essen, Helmut geht es nach der Aspirin etwas besser, schauen wir uns etwas im Hotel um. In der Eingangshalle des Hotels gibt es eine Reihe von Läden, alle sind wie die Eingangshalle selbst leer. Auch die Angebote sind nicht verlockend, meist werden Kekse, Bonbons und andere Eßwaren zum Kauf angeboten. Das einzig interessante sind Postkarten von Shigatse. Ich kaufe ein paar Karten zur Erinnerung und wir beschließen, zum Teetrinken auf Helmuts Zimmer zu gehen. Dort trinken wir, nachdem wir uns in den großen Sesseln aus längst vergangener Zeit niedergelassen haben, so lange Tee, bis wir unsere Thermoskanne mit der Kapazität von 3 Litern ausgetrunken haben und unterhalten uns. Gegen 22.30 Uhr können wir uns gegen die aufsteigende Müdigkeit nicht mehr wehren. In meinem Zimmer blättere ich noch etwas im Reiseführer und gehe dann schlafen.

## Der Kumbum von Gyantse

Auch wenn es langweilig wird:
Die Nacht ist wieder furchtbar. Ich wache das erste Mal gegen ein Uhr mit fast unerträglichen Kopfschmerzen auf. Ich nehme eine Aspirin und versuche, wieder einzuschlafen. Gegen 2.00 Uhr kommen die Kopfschmerzen erneut und wieder hilft nur eine Tablette. Es geht gut bis früh gegen fünf Uhr, dann wird die dritte Tablette fällig. Kurz nach 7 Uhr wache ich auf, weil in der Nachbarschaft Leute darauf aufmerksam machen, daß auch sie aufgewacht sind. Man könnte denken, sie wollten alles Geschirr des Hotels als Morgengruß zerschlagen.
Ich bin schon eher als vereinbart fertig und lese deshalb noch ein wenig in einem Buch. Plötzlich gehen die Lichter in allen Räumen aus. Wahrscheinlich ist das Licht mit dem Sonnenstand gekoppelt.
Mir hat es noch einmal das Bad angetan. Alles ist hier solide befestigt. Es wird jeden Krieg, jedes Erdbeben überstehen. Selbst die kleinsten Konsolen sind mit riesigen dicken Schrauben befestigt. Riesige Winkel, an denen man ganze Stockwerken festmachen könnte, halten kleine Bretter von 20 Zentimeter Länge. Es ist schon eigenartig!
Eben habe ich Helmut geweckt. Er hatte angenommen, wir wollten uns erst um 9.30 Uhr zum Frühstück treffen.. Das Frühstücksbüfett versöhnt uns mit Rühreiern, verschiedenen Brotsorten und einem Berg von Butter. Kaffee vermissen wir nicht, an den Jasmintee haben wir

uns schon lange in China gewöhnt. Es gibt auch
keinen Fruchtsaft, aber dafür Bohnen und
verschiedene tibetische Gerichte, die auch gestern
Abend auf dem Speiseplan standen.
Unsere Tibeter greifen deshalb auch wieder
richtig zu. Das verstehe, wer will. Wie man dieses
fettige Fleisch schon zum Frühstück mit Genuß
verzehren kann. Wir sind die Einzigen im
Speisesaal. Auf dem Weg zu unserem Zimmer
sehen wir in den Gängen Frauen mit Reisigbesen
den roten Läufer abkehren. Ich habe mein
Gepäck aus dem Zimmer geräumt und warte auf
Helmut, er noch seine letzten Sachen einpackt.
Dabei schaue ich mich ein wenig um. Neben den
einzelnen Zimmertüren befindet sich ein
Klingelknopf wie bei Mietwohnungen. Durch das
Flurfenster, das auf den Parkplatz weist und auch
einmal geputzt werden könnte, scheint die Sonne.
Das könnte ein schöner Tag werden. Draußen ist
es ist dafür sehr kalt. Es ist jetzt halb 9.30 Uhr,
der Himmel ist strahlend-blau und wolkenlos.
Traumhaft. Auf dem Parkplatz des Shigatse-
Hotels steht nur noch unser Wagen. Wir verlassen
es über eine Schotterstraße, neben der Straße
kleine gefrorene Wasserrinnsale. Es ist etwa 5
Grad unter 0. Die Straße ist unbefestigt, der
Ortsausgang der Straße mit jungen Birken
bepflanzt. Von Shigatse kommt uns ein Auto
entgegen, man sieht schon von weitem die großen
Staubwolken. Bei der Begegnung muß man das
Fenster heraufkurbeln, damit man nicht im Staub
erstickt. Wir fahren durch eine Buschlandschaft.
Ab und zu sieht man Bauern bei der Arbeit, sie
dreschen und binden das Stroh zu großen,

eindrucksvollen Ballen zusammen. Die Landschaft ist ziemlich eben, aber wir fahren in Richtung der Berge, die man durch die Windschutz-
scheibe in der Ferne sehen kann, auf einer
Schotterstraße. Unser Fahrer fährt wie ein
Ralleyfahrer. Auf den Schotterstraßen fährt er
nie unter 70 km/h, meist rast er mit 80-100 km/h
über die Trasse. Helmut und ich sind uns einig,
wir würden hier höchstens 30-40 km/h fahren,
wenn wir so eine Fahrt überhaupt wagen sollten.
Man sieht kilometerlange Kanäle, die künstlich
angelegt worden sind, um die Felder zu
bewässern. Wir fahren durch eine große, fruchtbare Ebene, in der Getreide angebaut wird und
Yaks die abgeernteten Felder abgrasen. Pferde
sieht man kaum.

Wir nähern uns jetzt Gyantse. Schon vom weitem
ist der Dzong von Gyantse zu sehen. Auf einem
Berg steht diese riesige wuchtige Burg aus dem
14. Jahrhundert, einhundertfünfzig Meter über der
Stadt. Es gibt wohl keinen, den diese Anlage
nicht schon von weitem in seinen Bann zieht.
Man sieht gewaltige Mauern, die sich über den
ganzen Berg ziehen, unterbrochen von
Wachtürmen. Obwohl ich todmüde bin und
immer wieder einschlafe, bin ich jetzt hellwach
und lausche den Erklärungen von Bubu.
Danach ist diese Burg mit ihren meterdicken
Mauern und Befestigungsanlagen 1365 gegründet
worden und war der Sitz der Regierung der
früheren Gouverneure von Gyantse. Sie wurde im
Jahre 1904 von den Engländern erobert und
teilweise zerstört, aber später wieder aufgebaut.

An die dauernden Kopfschmerzen kann ich mich immer noch nicht gewöhnen. Die aufgesprungenen Lippen ärgern mich dagegen nicht so sehr. Ich falle wieder in meinen Dämmerzustand und bin wieder wach, als der Wagen auf dem Parkplatz vor dem Gyantse-Hotel Nr.1 in Gyantse zum Halten kommt.

Das Hotel sieht komfortabler aus als unser Hotel in Shigatse. Die Zimmer sind mit einer blauen Stofftapete ausgestattet. Im Gegensatz zu allen anderen Hotels gibt es hier kein Doppelbett, sondern nur zwei Einzelbetten. Den Fernsehapparat werde ich nicht brauchen, den fehlenden Schreibtisch vermisse ich nicht. Neben dem Bett stehen rechts und links zwei Nachtische, auf denen zwei Tassen für Tee und die obligaten Teebeutel liegen. Es fehlt nur die Thermoskanne mit dem heißen Wasser. Neben dem Tisch stehen zwei niedliche kleine Sessel. Bevor ich das Badezimmer besichtigen kann, klingelt es an der Tür. Durch den Türspion sehe ich einen Mann in einem Monteuranzug mit gelbem Hemd und einem Schlüsselbund. Nach meinem erstaunten Öffnen stellt er im Badezimmer das heiße Wasser an. Ich habe gerade die Tür geschlossen, da klingelt es schon wieder. Ein Mann mit einer großen, roten Thermoskanne in der Hand steht vor der Tür. Jetzt ist die Ausrüstung komplett für unsere gemütliche Teezeremonie.

Ich begebe mich ins Badezimmer und schaue mich um. Auffallend sind der große Boiler über der Badewanne und die uralte kleine Kloschüssel, wie man sie früher in Deutschland hatte. Für das nötigste ist gesorgt, hier stehen 3 Becher, Shampoo, Kämme und Zahnbürsten mit Zahnpasta hingelegt. Helmut hat außerdem von einem ganz besonderen Service des Hotels erfahren. Danach gibt es hier einen sogenannten Sauerstoffservice, den man in Anspruch nehmen kann, wenn man mit der Atmung Schwierigkeiten hat. Das ist ja toll! Ich bin jetzt wirklich beruhigt. Während ich unser Zimmer für unsere Teezeremonie vorbereite, versuche ich, die Stehlampe anzumachen; das geht nicht so einfach, das ist ein ganz tolles Ding! Wenn man an einem Knoten am Stiel dreht, dann bewegt sich der ganze Stiel nach unten, außerdem habe ich beim ersten Mal den Lampenschirm in der Hand. Er ist offensichtlich nur auf die Birne aufgesetzt.

Jetzt ist es Mittag, und wir beginnen unsere Teatime. Während unseres Teezeremoniells sitzen wir in den tiefen Sesseln, die mit Tüchern aus gesticktem Leinen an den Seiten bedeckt sind. Ich lese Helmut einige Stellen über Gyantse vor und wir diskutieren über die kommenden Tage. Auf dem Weg zum Speiseraum haben wir vom Flur mit seinen großen Fenstern eine schöne Aussicht auf die Burg, den Dzong. Wir gehen die Treppe zur Halle hinunter. Sie ist recht gemütlich eingerichtet. An einer Seite hängt ein Bild, das an eine Thanka erinnert, unter dem Bild gibt es eine kleine Sitzgruppe, an der anderen Seite befindet sich ein kleines Geschäft, es ist geschlossen. Im Schaufenster sieht man Kleidungsstücke, tibetische Mützen und Umhänge. So eine Mütze finde ich originell. In der Halle spielen der Reiseführer und der Fahrer Lochbillard. Im Restaurant ist ein großes Büfett mit verschiedenen chinesischen und tibetischen Spezialitäten aufgebaut. Bei den Getränken können wir zwischen Bier, Tee oder Orangenlimonade wählen. Wir sind vorsichtig und bestellen Orangenlimonade. Bubu und der Fahrer bestehen heute drauf, sich an einen extra Tisch zu setzen. Offensichtlich wollen sie uns nicht stören, vielleicht glauben sie, daß wir in ihrer Gegenwart wie beim gestrigen Abendessen nicht essen wollten. Wir sind die einzigen Langnasen im Restaurant, sonst ist nur noch eine große chinesische Reisegruppe hier, die sehr schnell ißt und dann das Restaurant verläßt. Nachdem die Chinesen gegessen haben, nehmen die tibetischen Bedienungen, junge, vergnügte Mädchen, das übriggebliebene Bier und schütten es in die Blumenkübel. Zwei Frauen stellen einen roten Eimer auf den Tisch und nehmen das restliche Essen und restlichen Tee und schütten es in den diesen Eimer. Wie praktisch!

Wir gehen nach dem Essen schnell auf unser Zimmer. Ich schmiere mir das Genick ein und nehme eine Aspirin. Die Reise ist schon eine Strapaze, Kopfschmerzen hat man den ganzen Tag. Es ist einem auch immer etwas leicht mulmig vom Magen und Kreislauf her, außerdem ist man dauernd müde. Bei jedem kleinen Schritt und jeder Bewegung, sogar beim Husten und Niesen ist man außer Atem. Wir sind hier in

Gyantse über 4000 Meter hoch, d.h. um es genau zu sagen, 4070, Meter hoch. Um 14 Uhr werden wir dann zur Klosterstadt fahren. Wir fahren zunächst durch die Altstadt, sie ist völlig intakt. Die Häuser sind nicht verputzt und einstöckig. Die Fenster sind kunstvoll geschmückt. Die Fensterrahmen ist besonders mit Ornamenten verziert. Über den Rahmen flattern Vorhänge im Wind, im Hintergrund der Häuser sieht man die hohen Berge. Die Straßen bestehen zur Abwechslung aus tiefen und sehr tiefen Löchern. Autos schlängeln sich im Slalom von Schlagloch zu Schlagloch. Das gilt selbstverständlich nicht für uns, wir rasen mit einer Geschwindigkeit von 5o km/h und mehr über die Marslandschaft. Es gibt aber nur wenige Autos, das örtliche Treiben bewirken Fahrräder und Eselskarren. Wir sehen hier keinen einzigen Touristen, auch keinen Chinesen. Man findet hier keine Geschäfte, die für Besucher von Interesse sein könnten. Einige Handwerker, so ein Schmied und ein Tischler, sind vor dem Haus mit ihren Arbeiten beschäftigt. Die Stadt scheint ziemlich ausgestorben zu sein.

Wir durchschreiten zu dritt das Tor zum Kumbum von Gyantse. Schon von weitem hört man das leise Läuten der Glocken im Wind. Vor der Stupa, die 1614 gebaut wurde und in der Kulturrevolution massiv zerstört worden ist, später aber wieder aufgebaut wurde, steht ein Bettler. Sein Gesicht ist kohlrabenschwarz, sein Alter nicht auszumachen. Zwischen den Händen hält er ein Tuch und eine Zigarette. Er lächelt und murmelt etwas, als wir ihm einige Geldmünzen geben. Das ganze Tempelgelände ist durch eine riesige große Mauer abgetrennt, es beherbergte früher sechzehn Klöster, jetzt gibt es nur noch zwei. Die anderen sind bei der Kulturrevolution zerstört worden. Die rote Mauer läuft auf dem Bergkamm entlang, es muß schwierig gewesen sein, sie zu bauen.

Die Reihe von Gebetsmühlen ist ähnlich angeordnet wie in Shigatse. Wir entrichten jeweils fünf Yüan und dürfen nun filmen, wenn es uns nicht von irgend jemandem verboten wird. Man läuft an der Außenseite spiralenförmig an den einzelnen Räumen und Nischen vorbei. Ab und zu führen dann Treppen in das nächste Stockwerk In jedem der Räume und Nischen in den verschiedenen Stockwerken sind Buddhas in unterschiedlichsten Arten und Ausführungen dargestellt, teilweise als Skulpturen, in Wandmalereien. Es ist schwierig, auch nur einen annähernden Eindruck zu vermitteln. Nicht umsonst heißt diese Stätte der Kumbum der hunderttausend Buddhas. Es gibt aber nur ca. 24.999, wie uns Bubu erzählt. Götter aller Tugenden und Untugenden und aller Zeiten schauen auf uns. So sieht man Götter der Beständigkeit, der Gesundheit, der Vergangenheit und der Zukunft. Daneben gibt es noch sogenannte Protektoren, Beschützer für alle möglichen Angelegenheiten. Es ist faszinierend, aber durch die Vielfalt der Gestaltung und Farben auch anstrengend, eine Erinnerung an Einzelheiten mitzunehmen. Ich kann nur raten, lassen Sie sich von diesem großartigem Bauwerk überraschen und praktisch erschlagen. Die Einzelheiten kann man nachlesen, sie sind bedeutungslos gegenüber dem Gesamteindruck von Frömmigkeit, Opferbereitschaft, Kunstverständnis und Phantasie. Wenn man nicht völlig gefühllos ist, wird man ins Schwärmen geraten. Das ist nicht nur hier so, das gilt für die gesamte Begegnung mit Land, Leuten und ihren religiösen Symbolen sowie den Kunstwerken. Wir sind jetzt zwar glücklich und zufrieden, aber auch seltsam matt. Weitere Gebäude wollen wir im Augenblick nicht sehen, wir müssen unsere Eindrücke erst langsam verarbeiten.

Ein Mönch steht vor dem Eingang der Stupa, im Innern sieht man eine brennende, ca. 80 Zentimeter große Butterlampe aus Kupfer. Daneben überall Butterlampen aus Messing. Der Mönch lächelt uns an und weist mit dem Finger auf eine Bretterwand. Dort sind Ansichtskarten aus aller Welt aufgeklebt. Karten aus Berlin und Hamburg sind darunter. Ein etwa zwölfjähriger Junge steht mit dem Fahrrad neben dem Mönch. Auf dem Rückstrahler des Rades ist ein Aufkleber angebracht mit dem Text: „Sicher in die Zukunft, CDU". An einer Ecke sehen wir Hightec auf tibetisch: eine polierte, konkave Blechplatte ist auf die Sonne ausgerichtet und heizt den auf einem Dreifuß befestigten Kupferkessel für das Teewasser. Von einer großen Terrasse aus im zweiten Stock sieht man zwei 10 Meter lange Strickleitern, die über eine Außenwand hängen. Zwei Arbeiter stehen auf ihnen und streichen die Wand mit roter Farbe. Es sieht schon ein bißchen riskant aus, aber sie sind wohl schwindelfrei. Eine Gruppe von etwa zwanzig Pilgern betritt das Gelände. Schon auf der Treppe beginnen einige mit Verbeugungen. Die Hände nehmen sie gefaltet an die Stirn, dann an den Mund, ehe sie die gleiche Zeremonie wiederholen. Andere Pilger verrichten die Gebetszeremonie erst auf dem ersten Treppenabsatz.

Nach unserer Besichtigung fahren wir durch den alten, malerischen Ort. Sehr viele kleine, einstöckige Häuser stehen links und rechts an der Straße, kleine Geschäfte wechseln sich mit Wohnhäusern ab. Nach der Rückkehr ins Hotel gehen wir dort in das kleine Geschäft, das wir heute früh schon entdeckt haben. Dort kaufen wir einige Karten. Ich interessiere mich für eine typisch tibetische Mütze. Nachdem ich sie ausprobiert habe und mich im Spiegel bewundert habe, kaufe ich sie. Helmut hat es arrangiert, daß sich die Verkäuferin, eine junge Tibeterin in Volkstracht, sich mit mir in der Hotelhalle filmen läßt, und ist begeistert. Meine Frau wird sich freuen, wenn der Staubfänger, bei uns zu Hause im Schrank liegt. Danach setzen wir uns in die Halle, während Fahrer und Reiseführer wieder Billard spielen. Wir trinken Wasser und probieren unsere Kameras aus. In der Halle ist es schön hell und nicht so dunkel wie in Lhasa oder in Shigatse. Leise hört man tibetische Musik. Wir gehen auf unser Zimmer, um uns vor dem Abendessen etwas auszuruhen. Für 19.30 Uhr ist das Abendessen angesetzt. Auf 2 Tische verteilt,

sitzt eine deutsche Gruppe von sechzehn
Personen. Auch hier essen Fahrer und Führer
Wahrscheinlich nimmt man in diesem Hotel mehr
nicht mit uns im  Speiseraum. Das Essen ist gut,
Kartoffeln und Fleisch sind hier nicht so fett.
Rücksicht auf ausländische Touristen. Auch die
Suppe ist schmackhaft. Nach dem Essen gehen
wir auf Helmuts Zimmer zum Tee.
Das chinesische Fernsehen überträgt ein Rennen
der Formel 1 aus Spanien, Michael Schumacher
siegt. Gegen 22.45 Uhr verschwinde ich mich in
mein Zimmer, schreibe noch ein paar Karten und
falle dann müde ins Bett.

## Endloses Land - schneebedeckte Berge – blauer Himmel

Um sieben Uhr werde ich telefonisch geweckt. Draußen ist es dunkel, auch um 7.30 Uhr ist es noch stockdunkel. Die Sonne geht hier erst nach 8 Uhr auf. Zur Feier des Tages gibt es heute neben Jasmintee auch Kaffee, zusätzlich Marmelade, hartgekochte Eier und Kekse. Ich halte mich an Brot, Marmelade und an ein paar Kekse. Zunächst sind wir allein im Speisesaal. Nach und nach kommen auch die Mitglieder der deutschen Gruppe, die aber so unhöflich und eingebildet sind, daß sie nicht mal ihre Landsleute grüßen. Aber das haben wir gestern Abend schon festgestellt.

Auch heute ist wieder wunderschönes Wetter. Die Sonne scheint, der Himmel ist wolkenlos, selbst daß es ist eiskalt ist, stört nicht. Es ist mindestens 5 Grad minus. Die Berge in der Nähe sind klar zu sehen. Wir fahren gegen 8.15 Uhr weiter auf einer Schotterstraße, nachdem Bubu und der Fahrer noch Proviant und Wasserflaschen einge-packt haben. Die kleinen Rinnsale am Wegesrand sind mit einer Eisschicht bedeckt. Heute werden wir 3 Pässe überqueren. Der höchste Paß wird der Karo La-Paß mit 5010 Meter Höhe sein. An der linken Seite stehen die Pfeiler der elektrischen Überlandleitung. Sie sind viereckig und im unteren Teil aus Lehm mit einem Durchmesser von etwa 50 Zentimetern und sind ungefähr 3 Meter hoch. Nach oben zu verjüngen sie sich und werden kreisrund. Oben haben sie ein Dach, aus

dem 2 oder 4 Holzstangen herausragen, an denen
die Stromkabel befestigt sind. Hohe Büsche
säumen den Weg. Wir nähern uns allmählich dem
Gebirgsmassiv. In größerer Entfernung sehen wir
ein Birkenwäldchen, die Bäume haben gelbes
Laub. Wenige Leute sind so früh schon unterwegs. Manchmal überholen wir ein Esels-
gespann. Jetzt kommen wir nicht mehr weiter.
Die Straße, die auch bisher große Löcher aufwies,
ist gesperrt. Sie ist völlig aufgerissen.
Ausweichmöglichkeiten oder Umleitungen gibt
es nicht. Für den Fahrer ist das nicht
problematisch. Zu unserem Entsetzen reißt er
kurz vor der aufgerissenen Stelle den Wagen nach
rechts und weicht auf das Feld neben der Straße
ohne Verminderung der Geschwindigkeit aus.
Gut, daß wir ein vierradgetriebenes Fahrzeug
haben! Nach einigen hundert Metern auf dem
Feld biegt unser Fahrer wieder auf die
Schotterstraße ein, mitten im Weg eine ungefähr
2 Meter tiefe Querrinne. Der Fahrer setzt 3 Meter
zurück und rast mit großer Geschwindigkeit auf
dem Feld weiter. Die Fahrt ist wirklich hals-
brecherisch. Ohne Landrover kann man auch die
Schotterstraße nicht befahren. Jetzt türmen sich
vor uns 3 Meter hohe Sand- und Kieshaufen auf
der Straße auf, so daß wir wiederum auf das Feld
fahren müssen. So geht es alle paar Minuten
abseits der Straße kreuz und quer durch´s
Gelände. Wir können nur froh sein, daß der
Fahrer so gut fahren kann, denn er steht immer
wieder vor dem Problem, wie er die großen,
2-3 Meter tiefen Gräben auf der Straße
überwinden kann. Mal muß er nach rechts, mal

nach links ausweichen. Zwischendrin begegnen wir Reitern, die immer ein Ersatzpferd an der Leine mit sich führen. Jetzt weiß unser Fahrer offensichtlich auch nicht weiter, er findet keine Ausweichmöglichkeit im Feld. Er setzt den Wagen zurück, steigt aus und sucht auf dem Feld, das mehrere Meter tiefer liegt, Reifenspuren, um vielleicht dort eine Ausweichstelle zu sehen. Dann scheint er etwas gefunden zu haben. Er legt den Rückwärtsgang ein, gibt Gas und fährt etwa fünfzig Meter zurück, hält dann kurz, gibt Gas und setzt dann mit erhöhter Geschwindigkeit, der Motor heult auf, mit einem großen Sprung über den Graben neben der Straße und fährt dann auf der Steppe neben der Straße weiter. Ab jetzt meidet er die Straße völlig und rast mit vollem Tempo durch die Landschaft. Ohne sich an den Dachgriffen des Fahrzeugs festzuhalten, würde man sich große Verletzungen einhandeln. Der Fahrer ist mit sich zufrieden. Er pfeift ein Liedchen und gibt Gas. Wir fahren jetzt parallel zur Straße über die Steppe. Die Straße ist deswegen nicht befahrbar, weil tiefe Gräben angelegt werden, die dazu dienen, das Schmelzwasser im Winter und Frühjahr abzuführen. Die entsprechenden Kanäle sind noch nicht zugeschüttet.

Autos haben wir seit Stunden nicht mehr gesehen. Auch Pferdefuhrwerke, Reiter oder Leute, die zu Fuß unterwegs sind, sieht man ganz selten. Wenn wir wieder einmal auf die Straße kommen, dann ist das nur für kurze Zeit, alle 300-400 Meter müssen wir einen Ausflug aufs freie Feld machen. Dann kreuzt die Straße ein Wasserfall. Der Fahrer hat wohl Angst, daß wir mit unserem Auto steckenbleiben könnten, er gibt deshalb Vollgas und wir rasen mit vollem Tempo durch die Gischt des Wassers. Wenn wir weiter so viele Hindernisse vor uns haben, werden wir wohl für die Strecke nach Lhasa 12 Stunden und nicht, wie geplant, 8 Stunden brauchen, fällt mir ein. Auf unserer rechten Seite taucht jetzt der Brahmaputra auf. Wir fahren an seinem Ufer im Abstand von etwa sechs Metern entlang. Der Fluß fließt schnell, Stromschnellen und Untiefen kann man vom Auto her sehen. Das Wasser ist hellgrün und klar. Sicher wird es sehr kalt sein. Wir nähern uns dem ersten Paß am heutigen Tag, es ist der 4.370 Meter hohe Katzenpaß, wie uns Bubu erklärt. Auf der Schotterstraße, die in langen Geraden und Haarnadelkurven bergauf führt, begegnen uns ab und zu Reiter mit einem Ersatzpferd oder einem Fohlen. Die Straße, hat seitwärts keine Begrenzung. Wer hier vom Weg abkommt, hat wohl keine großen Überlebenschancen. Tief unten Seite sieht man das Flußbett. Da ich rechts hinten sitze, kann ich in die unter mir liegende Ebene und das Flußtal sehen. Ich stelle aber auch immer wieder fest, daß der Wagen, den unser Fahrer mit Höllentempo den Berg aufwärts steuert, sich immer nur einige Zentimeter vom Abgrund entfernt nach oben bewegt. Der Fahrer ist guten Mutes, er singt die tibetischen Volksweisen aus dem Radio mit. Die linke Seite unseres Weges wird vom Abhang eines Berges begrenzt. Auf der Paßhöhe machen wir halt; ein herrlicher Ausblick auf die Berge,

Täler, den in der Tiefe tosenden, grünen Fluß mit seinen weißen Stromschnellen und Strudeln fasziniert uns. Auf der Paßhöhe stehen Steinhaufen, geschmückt mit Fahnen, die Glück bringen sollen. Jeder Pilger legt, wenn er hier oben ist, einen Stein dazu. In der Ferne sieht man schon die ersten Schneeberge. Ich kraxle an unserem Halteplatz auf eine kleine Anhöhe, weil man von dort eine noch bessere Sicht auf die verschneiten Achttausender hat, die im Sonnenlicht erstrahlen. Die Höhe von 4.500 Metern vertrage ich wider Erwarten recht gut. Ich habe keine Atembeschwerden, vielleicht gewöhne ich mich allmählich an die großen Höhen. Ich hoffe, es bleibt so. Von der Paßhöhe geht es wieder ins Tal hinab. Unser Fahrer rast die Straße bergab. Ich döse vor mich hin, allmählich schlafe ich ein. Als ich einmal aufwache, stößt mich Helmut an und bemerkt erstaunt: „Daß Du bei solch halsbrecherischer Fahrt in den Bergen schlafen kannst?!" Auf der Talsohle geht es weiter. Ab und zu sieht man Dörfer und kleine Ansiedlungen.

An einem Dorf halten wir. Es besteht aus 10-15 Häusern in einer Höhe von über 4.000 Metern. Helmut möchte einige Filmaufnahmen machen. Wir sind kaum ausgestiegen, da steht neben mir eine Schar von Kindern, die erstaunt winken und uns anstarren. Wir kramen in unseren Taschen und schenken ihnen kleine Münzen und Kugelschreiber. Sie prügeln sich fast darum. Neugierig sind vor allem zwei Mädchen, höchstens 6 Jahre alt. Sie mustern uns ernst und skeptisch. Die Jungen sind aufgeschlossener. Im Hintergrund laufen zwei Esel, die mit Säcken beladen sind. Hinter ihnen in Abstand von 30 Metern laufen 2 Frauen. Die Kinder sind lautlos. Etwas weiter in Fahrtrichtung steht mitten auf der Straße ein Karren, auf den Arbeiter mit Schaufeln Sand laden. Wir können nicht weiterfahren, sondern müssen warten, bis der Wagen voll ist. Erst dann geht unsere Fahrt weiter. Rechts neben der Straße fließt der Brahmaputra, der in eine große Ebene mäandert. Das Wetter ist herrlich. Der Himmel ist stahlblau. Vor uns liegen die Berge, alle über 6.000 Meter, in der Ferne sieht man auch die Schneeberge mit Höhen von 8.000 Metern und mehr. Die hohen nehmen zu. Im Winter liegt hier nach Auskunft unseres Reisebegleiters mehr als ein Meter Schnee. Der Fluß, der im ersten Teil der heutigen Tour eine gewaltige Breite hatte, wird jetzt schmaler. Der Schneeberg vor uns ist der Karo La-Berg. Wir haben mit dem Aufstieg bzw. der Auffahrt auf den Karo La-Paß begonnen. Hier oben gibt es offensichtlich keine Touristen, aber auch keine Tibeter. Auch Personenwagen sind Mangelware. Jede Stunde etwa begegnet man einem Lkw, der Holz oder Baumaterial fährt. Das Ausweichen oder Überholen ist jeweils ein Meisterstück der Fahrkunst, es geht um Zentimeter. Die Schneeberge nehmen zu. Es ist bitter kalt hier oben, obwohl wir erst Oktober haben und wir es erst 10.50 Uhr haben. Wir nähern uns langsam der Paßhöhe des Karo La-Passes von 5.010 Höhe. Es ist etwa 4-5 Grad unter 0. Neben der Paßstraße fließen oft kleine Gebirgsbäche, die das

Schmelzwasser zum tiefergelegenen Fluß führen.

Oben angekommen, sehen wir nichts. Es ist so neblig, daß man die Hand vor Augen nicht sehen kann. Wir steigen kurz aus, aber außer einem großen Gletscher und den verschneiten Bergen, deren Spitzen im Nebel liegen, ist wenig auszumachen, nicht einmal Menschen. Nach dem Überqueren des Passes geht es auf der anderen Seite wieder bergab. Die Straße windet sich in großen Schleifen nach unten. In der Ferne entdecke ich einen Lkw, der uns entgegenkommt. Er hat, das kann man von weitem schon sehen, Bretter geladen. Sie ragen seitlich weit heraus. Wie wir an diesem Lkw vorbeikommen sollen, ist mir noch unklar. Ich bin einmal gespannt. Etwa 5 Meter vor der Begegnung halten beide Fahrzeuge. Der Lkw-Fahrer springt aus seinem Wagen, läuft nach hinten, greift sich die 3 oder 4 überstehenden Bretter und wirft sie den Abhang hinunter. Dann setzen sich beide Wagen wieder in Bewegung. Ohne Probleme fahren sie mit großem Tempo an einander vorbei. Dabei paßt höchstens ein Stück Papier zwischen beide Fahrzeuge.

Mit rasantem Tempo geht es bergab. Beim Zurücksehen kann ich beobachten, daß 3 Männer von einem Berghang herunterlaufen. Als ich mich das nächste Mal nach hinten drehe, sehe ich, daß die Männer die vom Lkw geworfenen Bretter aufgesammelt haben. Ich frage mich immer wieder, woher diese Leute kommen, denn es ist weit und breit weder eine Behausung oder noch ein Dorf zu sehen. Am Fuße der Paßstraße kommen wir in eine kleinere Ebene. Der Fluß ist unter einer Eisfläche verschwunden. Helmut habe ich wieder eine Aspirin verordnet. Er hat scheußliche Kopfschmerzen und sieht ganz blaß aus. Er nimmt – ich staune, wie das möglich ist – sie auf die Zunge und läßt sie zergehen. Ich hätte ja schwören können, daß man danach Magenschmerzen hat, aber Helmut trägt´s mit Fassung. Wir halten an einem Dorf nahe an einer kleinen Festung. Kaum haben wir gehalten, da kommen wieder alle Kinder der Umgebung, um uns, die unbekannten Langnasen anzuschauen. Es ist mir immer wieder ein Rätsel, woher Kinder und Erwachsene unsere Ankunft erfahren und wie schnell sich das jedes Mal herumspricht. Ich verteile Bonbons und ein paar Geldmünzen. Vor dem ersten Haus steht ein Brunnen, Kinder stehen mit großen Kannen davor und warten. Andere ziehen mit Schläuchen aus Yakhaut das Wasser herauf, das sie in die Kannen schütten. Die Kinder sind sehr zutraulich und niedlich anzuschauen, aber die Arme, die Beine, ja sogar die Gesichter sind kohlrabenschwarz.

Wir fahren weiter - es ist jetzt 11.45 Uhr – und sehen in der Ferne einen großen See. Wir nähern uns schnell und sind erstaunt, wie tiefblau dieser See ist, an manchen Stellen changiert er auch ins Hellblaue. Er trägt den romantischen Namen „See der blauen Steine". Er muß – so vermute ich – sehr tief und kalt sein. Es gibt auch hier keine Vögel oder andere Tiere. Wir halten an einer flachen Stelle am Ufer des Sees, in der Ferne das

Massiv der schneebedeckten Berge. Die Sonne spiegelt sich im Wasser, dennoch ist es kalt, vor allem der eisige Wind läßt uns erschauern. Ich gehe zum Ufer, um auszuprobieren, wie kalt das Wasser ist. Ich tauche die rechte Hand ins Wasser. Das Wasser ist kalt, 5-6 Grad plus schätze ich. Das dürfte wohl etwas zu kalt zum Baden sein, es ist aber kristallklar. Man kann noch in einer Entfernung von 10-20 Metern auf den Grund sehen. Langsam geht uns auch etwas die Puste aus, weil wir den leichten Abhang zum Auto wieder hinaufsteigen müssen. Wenn wir uns umsehen, können wir feststellen, daß der See riesengroß ist. Er windet sich um die Berge an seinen Ufern., Wir fahren praktisch um den ganzen See herum. Unser Fahrer und Reiseführer sind guter Laune, sie singen zu den tibetischen Kassetten, die sie eingelegt haben. Wir halten, links am Berg sind zwei Stupas zu sehen. Direkt auf der rechten Seite liegt der wunderbar blaue, stille See, im Hintergrund eingerahmt von den Schneebergen und dem wolkenlos blauen Himmel. Es ist phantastisch, ein derartiges Panorama habe ich noch nie gesehen! Bei seinem Anblick wird man andächtig.

Die Gegend ist menschenleer, weit und breit ist kein Haus zu sehen. Wir steigen zu den Stupas empor und unserer Bubu erklärt uns, daß sie Begräbnisstätten für 2 Mönche seien. Danach gehen wir zum Auto zurück, Fahrer und unser Reiseführer holen jeweils einen großen Karton mit unseren Essensvorräten aus dem Auto und bringen sie auf unseren Rastplatz. Unser

Führer macht uns den Vorschlag, an dieser Stelle im Freien das mitgenommene Essen zu vertilgen. Während wir essen, erscheinen wieder wie aus dem Nichts mindestens 6 oder 7 Kinder. Sie gucken uns beim Essen zu. Scher haben sie nicht viel zu essen, sie sehen ausgemergelt aus. Ich und Helmut können nicht essen, während hungrige Kinder zusehen. Also verteilen wir das gesamte Essen, das für uns beide bestimmt war, an die herumstehenden Kinder, die zuerst scheu und zurückhaltend, dann zunehmend freudig erregt, Äpfel, Eier und Hühnerschenkel annehmen. Wir sollen es zwar nicht tun, sagt unser Führer, aber ich lasse mich nicht beirren.

Nach einer längeren Pause mit den Kindern brechen wir wieder auf. Die Straße ist denkbar schlecht. Jetzt schlucken wir auch noch den ganzen Staub, weil rechts das Fenster nicht mehr zugeht. Helmut meint zwar, es wäre sauberer Naturstaub. Das wird aber der Lunge egal sein, nehme ich an. Wir fahren den Khampa La Paß hoch. Unter uns liegt, soweit das Auge reicht, der unendlich schöne türkis-blaue See. In der Ferne ruhen majestätisch die Eisberge, um den See liegen die kahlen braune Berge. Langsam fahren wir den Schotterweg bis auf 4.794 Meter hoch. Auf der Paßhöhe schaue ich im Polyglott nach, dort steht, daß der See 4.482 Meter hoch liegt. Hier ist das Wetter gut. Der Berg den wir vor uns im Norden sehen, heißt nach Angabe unseres Führers Tsangpo, die anderen im Südwesten kann ich mir wirklich nicht merken. Der schnee-bedeckte Gipfel, der Nöjin Kangsa, im

Hintergrund soll 7.223 Meter hoch sein. Unser Fahrer schraubt an dem Fenster herum, außerdem füllt er Motoröl nach. Hier oben auf der Paßhöhe sehen wir wieder Steinhaufen, die mit Glücksfahnen bedeckt sind. Man kann von hier aus noch höher fahren. Die Straße führt auf einen anderen Berg mit einem Flugfeuer. Die Berge sind wie in ganz Tibet seltsam ausgewaschen. Sie sehen aus wie die dunkle, faltige Haut von Elefanten, Nilpferden oder Walrössern. Das dunkelgelbe Gras und die Flechten auf dem tiefbraunen Untergrund heben sich im ersten Sonnenlicht ab von den Siebentausendern in ihrer ganzen Schönheit. Gerade als wir wieder einsteigen wollen, kommt uns ein Bus mit Einheimischen entgegen. Er hält nicht, sondern fährt weiter die Paßstraße nach unten. Wir sind jetzt wieder im Tal und bewegen uns, oh Wunder, auf einer Asphaltstraße. Sie ist zwar sehr eng, aber nicht mehr so holprig wie die Schotterstraße. Helmut will unbedingt noch einen Yak filmen. Er hat es Bubu gesagt und der hat es dem Fahrer weitergegeben. Plötzlich gibt es eine Vollbremsung und das Auto hält vor zwei Tibetern, die ein Yak an einem Seil hinter sich her ziehen. Alle drei, Tibeter und Yak, bleiben erwartungsvoll stehen, als sich Helmut mit der Kamera nähert. Helmut ist wiederum irritiert, weil sich das Yak nicht bewegt, aber alle Versuche, es aus seiner Ruhe zu bringen, schlagen fehl. Also muß er sich mit einem unbeweglichen Yak begnügen. Langsam nähern wir uns Lhasa. In unserem Hotel sind mehrere deutsche Gruppen abgestiegen. Man hört fast nur deutsch, quasi fast wie auf Mallorca. Nachdem wir unsere Utensilien auf das Zimmer gebracht haben, kommt kurze Zeit später auch der Mann mit der Teekanne und unsere Koffer werden gebracht. Sie waren zwischenzeitlich in einem Kofferraum untergebracht, weil unsere Zimmer gebraucht wurden. Wir machen uns etwas frisch. Dann kommt Helmut aufs Zimmer und wir unterhalten uns über die Abenteuer der letzten Tage. Danach gehen wir kurz nach 17.30 Uhr, in einen Shop. Ich kaufe noch vier Briefmarken und außerdem vier T-Shirts für meine Frau und meine Töchter mit Motiven aus Tibet. An der Rezeption besorgen wir uns Bons für das Abendessen. Im Bussines-Center im zweiten Stock schreibt Helmut ein Fax und schickt es nach Deutschland. Wir erfahren, daß wir mit unseren Gutscheinen in jedem der Hotelrestaurants essen können. Das hört sich doch gut an. Wer sagt´ s denn.

Wir entscheiden uns für das Chinarestaurant. Auf unseren Gutschein bekommen wir ein Essen mit Vorspeise, einer Suppe, einem Hauptgericht und eine Nachspeise. Außerdem gibt es ein Erfrischungsgetränk. Wir sind überrascht. Die Möglichkeit, per Gutschein zu essen, haben wir von unserem Führer erfahren. Dabei ist ein großer Teil des Essens preislich abgedeckt, im Chinarestaurant mehr als im Internationalem Restaurant. Wir bestellen Haifischflossensuppe, geräucherten Fisch aus Chengdu, danach Krabben mit Gemüse und zum Schluß Walnußcreme. Das Essen ist ausgezeichnet, wie wir feststellen. Die Walnußcreme ist allerdings nicht unbedingt vom Feinsten. Auch hier gibt es überall in den chinesischen Restaurants ein heißes Tuch zu Beginn. Auf einem Plakat, das wir an der Rezeption gelesen haben, wird auf eine tibetische Folklore-Show in unserem Hotel hingewiesen. Sie findet dreimal in der Woche statt und beginnt um 20.15 Uhr. Wir gehen noch einmal auf unser Zimmer. Es ist empfindlich kühl und ich ziehe mir einen Pullover an. Es ist nicht so leicht, den Raum zu finden, in dem die Veranstaltung stattfindet. Nach langen sehen wir, daß er im hinteren Teil des Hotels auf der Kellerebene liegt. Es ist ein sehr großer Raum mit einer riesengroßen Bühne und sehr niedrigen Sitzbänken und Tischen. Ich bin froh, den Pullover angezogen zu haben, denn es ist sehr kalt. Bei näherer Überlegung kommen wir zu der Überzeugung, daß es sinnvoll ist, Filmaufnahmen zu machen. Ich hole deshalb meine Kamera aus dem Zimmer. Viel Publikum hat sich nicht eingefunden. Billig ist das Ganze auch nicht. Pro Person kostet der Eintritt 50 Yüan. Und das für eine Dreiviertel Stunde, wie sich später herausstellt. Wir bestellen Tee. Dann geht es mit einem ohrenbetäubendem Lärm los. Eine Melodie kann man nicht erkennen, dafür werden die Trommeln und Schellen mit Macht bedient. Ab und zu spielt ein Akteur auf einer Tröte. Chinesische Musik ist mir weitaus lieber. Zwischendrin ertönt auch Musik aus den Lautsprechern. Sie ist ungleich melodischer. Vor uns auf der Bühne wiegen sich 5 Frauen und 5 Männer in einem Volkstanz. Sie haben prächtige Trachten an. Das erste ist ein Yaktanz.

Zwei Personen, ein Mann und eine Frau, bewegen sich um ein Yak, das von zwei Männern dargestellt wird. Dabei soll die Nützlichkeit des Yaks für die Gewinnung von Butter, Milch und anderen Artikeln dargestellt werden. Dann folgt ein kriegerischer Tanz, später der Tanz der Mädchen. Es sind nur etwa 25 Zuschauer hier, die sich die Vorführung ansehen. Wir sind ziemlich müde, besonders Helmut ist völlig kaputt. Er wundert sich, daß es ihm unterwegs auf den Paßhöhen bedeutend besser gegangen ist als jetzt. Wer weiß, vielleicht schlummert in uns tibetisches Blut. Wir gehen auf unser Zimmer, ich lese noch ein wenig und gehe dann ins Bett.

## Die Klosteruniversität Drepong -

Wider Erwarten schlafe ich diese Nacht recht gut. Um 8 Uhr werde ich telefonisch geweckt. Ich habe tatsächlich bis jetzt geschlafen. Die Weckzeremonie ist etwas besonderes. Zunächst wird man in chinesischer, später in englischer Sprache mit den Worten geweckt: "Good Morning. Good Day." Ein Blick aus dem Fenster zeigt, das Wetter ist wieder herrlich, die Sonne scheint. Keine Wolke ist am dunkelblauen Himmel zu sehen. Nach dem Frühstück werden wir nach Drepong, eine der drei Kloster-Universitäten gefahren. Wir gehen vergnügt zum Frühstück, Helmut geht es besser. Heute freue ich mich auf das Frühstück, wie sehr man doch das Frühstücksbüffet europäischer bzw. internationaler Art schätzen gelernt hat! Es gibt tatsächlich alles, was wir in den vergangenen Tagen entbehrt haben, von Würstchen bis Spiegel- und Rühreier, Säfte und so. Morgenmuffel, die ohne Kaffee nicht wach werden, sind hier in ihrem Element! Heute ist der Speisesaal fest in deutscher Hand. Was wir aber auch vor ein paar Tagen bei den amerikanischen Gruppen beobachten konnten, gilt auch für die deutschen Gruppen: Die Gruppen bestehen fast durchweg aus Singles und in der Überzahl Frauen zwischen 38 bis Ende 50, vielleicht sind einige Frauen auch Anfang 60, Männer sind Mangelware. Woran das wohl liegen mag?

Wir gehen nach dem Frühstück in die Halle und warten auf unser tibetisches Gespann. Es geht zunächst durch die Innenstadt von Lhasa, nach Verlassen der Stadt biegen wir plötzlich rechts auf einen schmalen Feldweg ab. Dort überholen wir ganze Scharen von Gläubigen. Nach den Pilgern kommen uns die ersten Mönche entgegen. Die Menschen vom Land haben braune, teilweise fast schwarze Gesichter. Das Kloster, dem wir uns nähern, liegt an einem Berg in etwa halber Höhe zum Gipfel. Überall sieht man Bettler mit kleinen Kindern. Auch hier gibt es jede Menge Hunde. Sie liegen ganz friedlich herum, sie bellen nicht und kümmern sich auch nicht um die Menschen in ihrer Umgebung. Die Hunde sind sehr dünn und abgemagert, fette Hunde sieht man hier nicht. Vor uns liegt ein großer, steiniger Weg, rechts liegen die Unterkünfte der Mönche. Wir laufen an einem kleinen Bach entlang und folgen den Pilgern, die langsam den steinigen Weg emporsteigen. Auf halber Höhe ist ein kleines Plateau, von dem man einen wunderbaren Panoramablick hat.

Kinder halten mich an den Händen und sagen "Hallo". Sie lachen und freuen sich. Wir sind nicht nur außer Atem, weil es ständig bergauf geht, sondern weil die Stufen durch den Bach, der teilweise über die Stufen läuft, glitschig sind. Die Felsen an der Seite des Weges sind mit Ornamenten und Buddhas bemalt. Eine Pilgerin mit einem großen Strohhut mit blauem Band und einer roten Bluse taucht einen Strick mit drei Glocken in gleichem Rhythmus in das Wasser. Sie betet für das Wasser.

Wir erfahren von unserem Führer einige Einzelheiten über diese berühmte Kloster. Es beherbergt die älteste Klosterschule mit drei Fakultäten. Vor der Übernahme Tibets durch die Chinesen waren hier im Kloster noch 10.000, jetzt sind es nur noch 350 Mönche. Hier findet im August eines jeden Jahres das schönste und berühmteste Thanka-Fest in Tibet statt. Pilger aus allen Teilen des Landes kommen dann, um mit den Mönchen das Fest zu begehen. Auf einem Berg sieht man mehrere Buddhafiguren stehen, Felsen sind mit diesen Figuren in leuchtenden Farben bemalt. Immer wieder steigen Pilgergruppen langsam und mühselig die Steinstufen hoch. Sie sind teilweise mit Säcken und Paketen beladen. Viele Pilger tragen einen Hut. Wir kommen an einem Gestell mit zwei kleinen Goldglöckchen vorbei. Die Glöckchen schwingen im Wind und summen leise. Wir laufen an einem schlafenden Mann vorbei, er wacht immer wieder auf, dann fällt ihm der Kopf auf die Schulter. Wenn er aufwacht, murmelt er Worte vor sich hin. Wir kommen an Gebetsmühlen vorbei und vielen Steinen, die mit farbigen Buddhas bemalt sind. Die Gläubigen drehen die Gebetsmühlen, die am Rand stehen. Fast jeder dritte Stein am Wegesrand ist irgendwie bemalt mit buddhistischen Symbolen. Links unten sehen wir Ruinen von Mönchs-behausungen, die während der Kulturrevolution von den Chinesen zerstört worden sind. Pilger mit silbernen Butterlichtern gehen an uns vorüber. Bubu, unser Führer, verschwindet plötzlich unauffällig. Wir wissen schon. Auch hier besteht die Toilette aus einem runden Loch im Boden mit einer Öffnung nach unten. Man kann nach unten etwa dreißig Meter in die Tiefe blicken. Es stinkt barbarisch.

Diesen Palast hat der zweite Dalai Lama gebaut. Bis zum vierten Dalai Lama war dies die Wohnung der Dalai Lamas, dann sind sie in den Potala-Palast umzogen. Wir betreten den Palast durch ein farbenprächtiges Eingangstor, die braun-rote Holztür und der Türrahmen ist mit Ornamenten verziert. Dann geht es steile Treppen zum Eingangstor hoch. Die Säulen neben dem Eingangstor verjüngen sich nach oben, dann folgt ein großer breiter, vielarmiger, verzierterAufsatz. Nachdem wir durch das Eingangstor gekommen sind, gehen wir wieder Treppen hoch in den großen Verhandlungsraum der Mönche, in dem früher nur die 500 Lamas eingelassen wurden, die dem Dalai Lama am nächsten standen. In der Mitte des Raumes mit roten Wänden brennt ein kleines Feuer, oben steht auf einem Gestell eine große Teekanne. Die roten Holzsäulen im Raum verjüngen sich von unten nach oben. Die Pilger legen sich auf den Steinfußboden, beten, sie knien sich nieder und erheben sich wieder. Sie haben Dosen und Gläser mit Butter bei sich. An einem großem Butterfaß als Butterlampe entzünden sich die Pilger ihre kleinen Butterlampen. Gläubige hängen ihre weißen Schals über einen Balken. Sie fassen mit ihren Händen über die Holzbalken und die Wände. Im vorderen Teil des Raumes steht eine große Anzahl von Bildern und Fotos des jetzigen Dalai Lamas in verschiedenen Stellungen. Davor steht ein Gefäß mit Geldmünzen. Vor einem Buddha in der Mitte hängen lauter weiße Schals, es ist das Abbild des fünften Dalai Lamas. Er ist einer der bekanntesten, der auch seinen Sitz im Potala-Palast hatte. Links und rechts in Glas mit Holzrahmen sind zwei Beschützer abgebildet, ein Beschützer des Südens und der sechsarmige Beschützer. Helmut fängt eine alte Pilgerin auf, als sie die Treppe empor fällt. Weder vom Aussehen noch von der Sauberkeit her ist sie weiter zu empfehlen. Das Alter kann man hier sowieso nicht schätzen. Sie ist zwischen 35 und 75 oder 95 Jahre alt, meint Helmut. Aufgrund der Anstrengung für den Körper infolge der großen Höhe und dem zerfurchten und schmutzigen Gesicht ist man kaum in der Lage, das auch nur zu ahnen. Bis jetzt scheint es mir besser zu gehen als die Tage vorher. Auch das Treppensteigen geht leichter. Wir kommen dann zu einem offenen Hof. Er ist ringsherum mit Laubengängen versehen. Auf der Stirnseite gehen wir wieder Treppen hoch, die zu einem weißen Gebäude führen. Es scheint sich um einen Versammlungsraum zu handeln. Das Gebäude hat auf der Stirnseite ein großes Fenster, darüber ist ein Baldachin befestigt. Das war, wie wir hören, das Zimmer des Dalai Lama. Rechts befanden sich die Räume der Verwaltungsbeamten und daneben ein gesonderter Gebetsraum. Wieder geht es die Treppen hoch in einen sehr dunklen Raum mit der gleichen Art von Säulen, die sich von unten nach oben schmaler werden. Sie sind rot, verziert mit gelben Streifen. Oben haben sie prächtige Ornamente und Malereien mit ovalen Mustern. Eine ganz steile Holztreppe führt uns dann in das nächste Stockwerk. Es ist völlig dunkel. Von Zeit zu Zeit kommt uns ein Pilger mit einem Butterkerzenlicht von oben entgegen. Die Leute drängen sich eng an einander und mit kleinen Kindern auf dem Rücken und mit Gepäck die Stufen hinauf. Die Treppenstufen sind eng, schmal, dennoch drängen sie sich immer zu fünft neben einander auf einer Treppe, die nur einen Meter breit ist. Und nun kommen uns auch noch ganze Gruppen entgegen. Wir gelangen wieder in einen Vorraum, von dem weitere steile Treppen zu dem nächst größeren Raum mit blau-rot-gestreiften Vorhängen führen. Das Material sieht wie gesteppt aus. In diesem Versammlungsraum hängt von der Decke eine große Thanka, mindestens 2,50 m hoch und 1 Meter breit, herab. Vorn steht der Thron des Dalai Lama. Hier ist sein Lehrraum, daneben zu beiden Seiten Schriften in einzelnen Fächern, vorne stehen auf einem Tischchen Bilder des jetzigen Dalai Lamas und eine große Reihe von weißen Schals. Die Menschen gehen unter der Bibliothek mit den Schriftrollen, den vorstehenden Nischen mit den Rollen, durch und verneigen sich, weil es Glück bringen soll. Sie haben teilweise Perlenschnüre, sie sehen aus wie Rosenkränze, in der Hand und beten. Interessant sind die Geländer. Sie sind mir auch bereits im Potala und in den anderen Klöstern aufgefallen. Die Geländer fangen auf halber Höhe an und gehen dann schräg nach oben weg, so daß zunächst das Treppengeländer keine Neigung hat, bis es dann nach oben absteht. Wir gehen unter der aufgerollten Thanka durch. Beim Thanka-Fest wird diese berühmte Thanka aufgehängt und die Leute kommen aus allen Landstrichen zu einem großen Festmahl. Auch hier zeigen sich Bettler, die ruhig und geduldig auf dem Boden sitzen und betteln. Wenn man allen etwas geben will, kann man sich bald dazu setzen. Im Hof sehen wir einen riesigen Haufen von Brennholz, daneben zwei große Bottiche, um Tee für die Mönche zu kochen. An der rechten Seite des Gebäudes über dem Eingang, der auch wieder nur über Treppen zu erreichen ist, befindet sich ein Balkon, der auf Säulen steht. Über diesen Balkon lassen zwei Männer Tücher herunter. Neben mir steht ein junger Mönch, der begeistert mein Diktiergerät ansieht und selbst mal auf den Knopf drücken möchte. Er tut es auch und ist sehr angetan davon. Wir gehen weiter und staunen über die weißen Tücher mit Ornamenten in blauer Farbe, die vom Balkon hinuntergelassen werden.

Offensichtlich kann man sogar mit dem Auto im Klostergelände fahren, denn hier steht eine größerer Wagen, der irgendwie hier hereingekommen sein muß, obwohl wir nur Stufen und keinen Fahrweg gesehen haben. Jetzt sind wir in der Großküche gelandet, es ist die Küche, die früher für 10.000 Mönche reichen mußte. Wir sehen in der Mitte riesige, 4-5 Meter große Bottiche, die im Boden in Zement eingelassen sind. Davor steht eine Menge kunstvoller Butterfässer aus Holz, geschmückt mit Messingstreifen. Ein Regal mit lauter Kupfertöpfen fasziniert uns, daneben liegen Holz, Brennmaterial und Weinbottiche. An der linken

Seite des Raumes sehen wir einige Mönche, die dort essen und trinken. Wir gelangen wieder in einen Versammlungsraum. Auf dem Boden liegen Säcke, Tücher dort, wo Mönche und andere Pilger knien und sitzen. An der Stirnwand und an den Seitenwänden befinden sich großartige Ölgemälde mit Götterdarstellungen.

Unser Führer informiert uns, daß am nächsten Morgen hier ein wichtiges Treffen der Mönche stattfinden wird. Die meisten werden keinen Platz haben und deshalb draußen bleiben müssen. Heute versammeln sich schon die ersten, nur um morgen einen Platz zu bekommen. Normalerweise haben nur die hohen Lamas einen reservierten Platz.

An der Rückseite des Versammlungsraumes befinden sich große Glasvitrinen, in denen Buddhafiguren stehen, die mit prächtigen Gewändern aus Brokat und Seide bekleidet sind. Die ist der Tempel der drei Zeiten, Gegenwart, Vergangenheit und Zukunft. Interessiert beobachten wir eine deutsche Gruppe. Der Führer tut uns leid, weil er ständig von einer Berlinerin irritiert wird, die nicht nur andauernd bei seinen Erklärungen dazwischenredet, sondern gleichzeitig den Fotoapparat und die Filmkamera betätigt, obwohl er ihr schon das 4. Mal energisch klargemacht hat, daß beides hier nicht erlaubt ist. Auch die Mitglieder der Gruppe beginnen langsam nervös zu und machen ihr verständlich, daß es an der Zeit ist, einmal ruhig zu sein. Auch die Pilger und Mönche schauen irritiert auf diese Frau und ihr Verhalten.

Die Luft ist durch die vielen Butterlampen sehr stickig. Wir sehen eine Statue des Gründers des Ordens der gelben Mützen. In Nischen liegen alte Bücherrollen. Auf der Stirnseite neben der Tür stehen Buddhafiguren, darunter ein Buddha mit langen Haaren, der Gott der Wahrheit. Interessiert beobachte ich, wie die Butterlampen funktionieren. Der Pilger schöpft ein Stück Butter mit einem Löffel aus seinem mitgebrachten Buttervorrat und legt es in das große Faß, das vollgefüllt ist mit flüssiger, brennender Butter. Dann schöpft er mit dem Löffel ein wenig von der brennenden Butter in seine Butterlampe, die dann weiter brennt.

In Glasvitrinen sind die 16 Schüler der Dalai Lamas figürlich festgehalten. Jetzt stehen wir vor einem riesigen, roten Schrank, verziert mit Buddhadarstellungen in den einzelnen Segmenten. Er ist mindestens 20 Meter groß. Hier wird die große Thanka aufbewahrt, die zum Thanka-Fest auf die große Wand des Felsens in der Nähe des Klosters gehängt wird. An der Oberseite des Schrankes ist ein Fries in ovalem Muster angebracht. Wie ich feststelle, gibt es bei der Ausstattung der Klöster gewisse Gemeinsamkeiten, so überwiegt das Grundmuster von roten Säulen, die meist mit einem gelben dünnen Streifen verziert sind. Die Decke weist meistens eine sehr farbige Ornamentik auf, die Balken sind dunkelblau lackiert. Die Vorbereitungen auf das Treffen am nächsten Tag laufen auf vollen Touren. Die Leute haben ihre Essensvorräte für die nächsten Tage mitgebracht. Die Türen vor dem Haupteingang der Gebäude werden herausgenommen. Andere Türen und Holzverkleidungen scheinen in der letzten Zeit renoviert worden zu sein. An verschiedenen Stellen werden Lautsprecher installiert. Die kleinen Mönchsschüler, die hier schon mit drei bis fünf Jahren in den Orden eintreten, kommen auf mich zu und beobachten, wie ich in das Diktiergerät diktiere. Sie trauen sich aber auch auf Aufforderung nicht, selbst etwas zu sprechen. Wir sehen ein prachtvoll ausgestattetes Seitentor auf unserem weiterem Rundgang. Helmut bleibt etwas zurück. Als ich mich umdrehe, ist er von einer großen Zahl von Leuten umgeben. Es ist nicht klar, was sie von ihm wollen. Scheinbar wollen sie ihm etwas Butter verkaufen. Wir gelangen jetzt zur Klosteruniversität von Drepung, einer der drei Klosteruniversitäten in Tibet, neben Ganden, die wir schon besucht haben und Sera.

Die meisten Tibeter, so fällt mir auf, haben eine uns fremde Art, sich die Nase zu putzen. Sie nehmen zwei Finger dazu, schnauben die Nase und schütteln dann das Ergebnis ihrer Bemühungen auf den Fußboden. Das sieht witzig aus.
Im Mittelpunkt des Gebäudes, das wir betreten, steht ein großer Versammlungsraum. Dieser zum Eingang quergestellte, große, rechteckige Raum ist begrenzt von großen, roten Säulen. Hinter den Säulen befindet sich ein Gang, den man

unbedingt betreten muß, denn dort sind die prächtigen Wandmalereien zu sehen. Die Abbildungen zeigen Szenen aus dem Leben Buddhas, mystische Darstellungen, Szenen aus dem Götterhimmel. In der Mitte des Raumes mit Blickrichtung nach vorne liegen Polster. An der Stirnseite des Raumes sehen wir Malereien mit Abbildungen der Dalai Lamas in Gestalt von Buddhas. Die Malereien scheinen schon sehr alt zu sein, andere sind offensichtlich renoviert worden. In Holznischen von etwa 20 auf 80 Zentimeter Durchmesser stehen viele kleine Buddhas, die mit Goldgewändern und Schals in den fünf heiligen Farben bekleidet sind. Überall stehen Butterlampen, auffallend ist ein riesiger Teetopf mit einem Durchmesser von etwa zwei Meter. Ein junger Schüler gießt heißes Wasser ein. Wir sind jetzt in der Bibliothek, wo die drei Götter des langen Lebens in Glasschreinen stehen. Dabei fällt unser Blick auf Bücher, die in Brokattücher eingeschlagen sind und zwischen Holzdeckeln liegen. Hier würde ich schon gerne ein Buch mitnehmen.

Vor uns steht ein Mönch, der mit einem Tuch vor dem Mund die Gelder zählt, die in einer Art Opferstock eingegangen sind. Ein junger Schüler steht in der Nähe und erneuert die Butterlichter. Hinter einem kleinen Zaun aus Fliegendraht steht eine überdimensionale Butterlampe. Auffallend sind Buddhaabbildungen mit weißen Haaren und weißen Schläfen, es handelt sich dabei um indische Buddhas. Die Sektion des Buddhismus hier ist die mit dem strengsten religiösen Ritual.

Der Gründer hat sie damals gegen viel Widerstand ins Leben gerufen, hat dann aber sehr viele Anhänger gewonnen, weil andere Richtungen den Anhängern vielfach zu oberflächlich und nicht streng genug waren.

Wenn wir aus den dunklen Gebäuden nach draußen kommen, müssen wir uns erst an die Helligkeit gewöhnen und besonders gut aufpassen, daß wir nicht bei den vielen Stufen stolpern. Wir vier gehen jetzt langsam die Stufen und die Treppen runter. Abwärts fällt es noch schwerer als aufwärts bei den vielen Kiesel- und Felssteinen, mit denen der Weg gepflastert ist. Uns, besonders aber Helmut, entlasten unsere beiden tibetischen Begleiter, weil sie seine Filmkamera oder den Fotoapparat, oder sogar beide tragen. Sie sind richtig stolz, wenn wir ihnen die Geräte übergeben. Ganz überrascht hat Helmut die erste Katze entdeckt, die wir überhaupt in Tibet bis jetzt gesehen haben.
Vorhin habe ich eine Frau gesehen, die ich auf etwa 73 Jahre mit ihrem zerfurchten alten Gesicht geschätzt hätte. Da sie aber ihr Kind stillt, kann das wohl nicht zutreffen. Wahrscheinlich werden die Menschen hier viel schneller alt als bei uns.

Wir fahren jetzt ins Hotel zurück zum Mittagessen. Es ist 12.45 Uhr. Um 15.30 Uhr wollen wir uns wieder treffen und den Sommerpalast des Dalai Lama besuchen. Heute werden wir, so haben wir uns gestern vorgenommen, das Mittagessen im Western-Restaurant einnehmen. Es ist aber geschlossen. Also gehen wir wieder ins China-Restaurant. Aufgrund eines Mißverständnisses bekomme ich nicht nur eine Suppe, eine Vorspeise, ein Hauptgericht und eine Nachspeise, sondern auch noch ein zweites Hauptgericht. Jetzt bin so voll, daß ich nur noch schlafen möchte. Ich fühle mich, als müßte ich Mühlsteine mit mir herumschleppen. Alles war aber sehr schmackhaft und lecker. Ich lege mich hin und schlafe tatsächlich sofort ein. Das habe ich bisher noch nie geschafft.

## Der Sommerpalast des Dalai Lama

Wir fahren zu dem wenige hundert Meter entfernten Sommerpalast des Dalai Lamas. Massen von Pilgern begegnen uns. Vor dem Palast der Sorge steht ein Mann mit einem wahren Ungetüm von Locher. Er locht mit strenger Miene die Eintrittskarte . Während ich mich umschaue, setzen sich plötzlich alle Gruppen von Pilger in Bewegung, sie rennen zum Eingang. Da unser Führer mitten in dem Knäuel steckt, muß auch ich hinterherlaufen, um den Anschluß nicht zu verlieren. Wir durchschreiten den Park und gelangen zu einem Museum tibetischer Kunst. Das Museum enthält unter anderem Funde von Nadeln, die aus Yakknochen hergestellt wurden, dann sieht man einen großen Stein, der zum Drucken benutzt wurde. Werkzeuge aus dem Neolitikum sind zu sehen, daneben gibt es Gefäße in größerer Zahl. Sie dienten früher offensichtlich einem kultischen Zweck. Die Decke des Museums erinnert an die Klosterbauten, sie zieren blaue Balken und die typischen Fresken mit den gleichen Mustern. In verschiedenen Vitrinen liegt alter Schmuck, Ohrringe aus Stein und Ton. Außerdem sieht man einen Helm, eine Rüstung, einen Pfeil in der Art eines Schwertes. Leider ist die Beschriftung nur in tibetischer Sprache, so daß man nicht verstehen kann, aus welcher Zeit die Gegenstände stammen. In anderen Vitrinen liegen Holzwerkzeuge und Pfeilspitzen. Dann sehen wir den zusammengekrümmten Körper eines toten, mumifizierten Kindes in einer Vitrine. Weiter

findet man Figuren aus Bronze und Elfenbein,
Buddhas, bekleidet mit Umhängen aus Brokat in
verschiedenen Farben, daneben Bücher mit
Miniaturen bemalt, dann Weihrauchfässer,
Butterlampen. Zwei Gefäße, in denen angeblich
jeweils ein Zahn von Buddha liegen soll. Ein
wunderschönes Buch mit Malereien können wir
in einer Vitrine bewundern. Man sieht eine große
Teekanne aus Elfenbein mit Silberverzierungen,
daneben eine Teekanne aus Cloisonne. Es gibt
Butterlichtgefäße aus Jade, kleine Figuren aus
Bronze und anderen Materialien. Viele Geräte des
Dalai Lama sind ausgestellt, so ein Druckstock,
Bücher, ein Stempel aus Gold, eine
Schriftenrolle, Hausschuhe, wunderschöne
vergoldete Bronzefiguren, goldene Butterlampen,
weitere Teekannen aus Porzellan und Silber, dann
Haushaltsgeräte, Feuertöpfe aus Cloisonne,
Schalen, große und kleine Gefäße und Vasen aus
Kupfer. Hier gibt es Münzen verschiedener Art
und Papiergeld sowie Yadeschalen. Dort liegen
Stäbchen für die Reise, wunderschön verziert mit
einem Schaft aus Elfenbein. Bildtafeln über die
Herstellung der einzelnen Geräte sind an den
Wänden angebracht. Im kleinen Laden des
Museums erstehe ich zwei Snuff-Bottles für
hundert Yüan. Preiswert für eine solche Rarität!

Wir gehen nunmehr weiter durch den großen
Park. Manche Bäume sind mit der Wolle von
Yaks umwickelt. Hier sieht man viele
Bambussträucher, aber auch Laub- und sogar
Nadelbäume.

Wir kommen jetzt zum neuen Palast. Er ist 1954 gebaut worden. In den Beeten sieht man lauter Löcher, der Boden ist zerwühlt von Erdratten. Viele japanische Touristen haben ein kleines, hellblaues Hütchen auf und sehen irgendwie witzig aus. Alle haben einen Rucksack auf dem Rücken und einen Fotoapparat in der Hand. Die Hippies, die hier in Tibet ihre Heimat sehen, gleichen sich alle in ihrem Aufzug. Der Park ist von einer großen Mauer mit Torhäuschen im Abstand von einigen hundert Metern umgeben.

Wir sind jetzt im Sommerpalast des Dalai Lama. Fotoapparat und Videokamera verstecken wir auf Rat unseres Führers, weil der Eintritt dafür sehr teuer ist. Von der Vorhalle gehen wir in den ersten Stock. Die Wände sind kunstvoll bemalt mit Buddha-Motiven. Im Raum, in den wir gelangen, sind schöne Wandmalereien mit Lackfarben zu sehen. Sie behandeln die gesamte Entstehung der Klöster, die Geschichte der Dalai Lamas vom ersten bis zum 14. Dalai Lama, dem jetzigen Dalai Lama. In einem großen Holzschrein mit Glas sind kunstvolle Holzfiguren zu sehen, dann entdecken wir drei Buddhafiguren, in ihnen ist der jetzige Dalai Lama versinnbildlicht. Auch ein Bild des Dalai Lamas im Alter von vierzehn Jahren ist zu sehen. Auf einem anderen Bild sitzt der heutige Dalai Lama auf einem goldenen Thron. Davor liegen Schals in den Farben blau, weiß und rot. Und kleine Hügel von Geldscheinen. Der Boden ist mit wunderschönen Teppichen ausgelegt. Die Deckenbalken sind rot bemalt, ein großer Stützbalken in der Mitte ist mit Buddhafiguren,

Elefanten, Löwen und Drachen verziert. Auf einem Fries befinden sich viele kleine Buddhas. Ich stelle beim genaueren Hinsehen fest, daß es sich um einen gestickten Fries handelt, der mit Fäden an einem Balken festgemacht ist. Die Decke ist in kleine Kartuschen aufgeteilt, in denen Landschaften und die Geschichte Buddhas dargestellt ist. Unser Bubu zeigt uns die Entwicklung des ersten Ackerbaus in Tibet. Auf einem 4 x 2 Meter großen Gemälde ist die Geschichte des Affenkönigs dargestellt,. Sie unterscheidet sich grundsätzlich von der chinesischen Sage, wie die Schriftrollen Buddhas nach China bzw. in die Ostregion gelangt sind. Unser Führer erzählt uns die Geschichte, die die Abbildung an der Wand darstellt. Es ist die Geschichte von den menschlichen Prinzen und den Affen, die sich verheiratet haben sechs Kinder zur Welt gebracht haben und die dann angefangen haben, Tibet aufzubauen. Damals lebte ein nepalesischer und ein chinesischer Prinz. In Tibet gab es zwar schon Menschen aber es waren brutale, führungslose, gesetzes- und religionslose Leute. Diese hatten überhaupt keinen Leitfaden für ihr Leben. Die beiden Prinzen erklärten ihnen: Es gibt einen Buddha in Nepal, und es gibt einen Buddha in China. Diese beiden müssen wir zusammen- führen, wir wollen sie nach Tibet bringen und mit diesen beiden Buddhas eine Religion ins Leben rufen.

Das hat man auch durchgeführt, aber dann ging jeder wie immer seinen eigenen Weg. Dann haben sich der nepalesische und der chinesische

Prinz wieder getroffen und sie haben wieder diskutiert. Am Ende wurde der nepalesische Prinz mit der Leitung der Tempel beauftragt. Er wußte aber nicht genau, wohin er den Tempel bauen sollte. Daraufhin hat ihm ein Heiliger einen Ring gegeben, der ihn zu einem See geführt hat. An diesem See hat man dann diesen Tempel gebaut.

Die Bemalungen stellen die Geschichte vom ersten bis zum vierzehnten Dalai Lama und der verschiedenen Klöster dar. Wir durch verschiedene Räume mit Kissen auf dem Boden. Dann gelangen wir in ein Studierzimmer mit auf dem Boden liegenden Bündeln von Geldscheinen. Beim näheren Umsehen entdecken wie einen Baldachin und eine Thanka, die von der Decke nach unten herab hängt. Auf kleinen Tischen stehen Schalen und Vasen mit Kunstblumen sowie Abbilder des vierzehnten Dalai Lamas. Im sogenannten Studierzimmer, das vor dem Meditierzimmer liegt, stehen ein Thron und ein großes Bett, in dem man zum Studieren mehr lag als saß. Auch hier befindet sich ein Baldachin und eine schöne Thanka. Abgebildet ist ein Buddha mit seinen Schülern und den Anhängern, sowie verschiedene Götter. Wir kommen zu einem großen Schrein mit betenden und mit zwei furchterregenden, in Gold gefaßten Göttern. Der Schrein steht auf einer großen Kommode, die mit Tier- und Pflanzenmotiven bemalt ist, außerdem steht auf dem Boden eine schmale, etwa ein Meter lange, messinggetriebene ca. 4o Zentimeter hohe, mit Löchern versehene Weihrauchschale, aus der Weihrauch strömt. In einem anderen Raum, in den wir kommen, steht ein russischer Radioschrank aus den fünfziger Jahren des 20. Jahrhunderts. Er ist ein Geschenk der russischen Regierung. Wir befinden uns jetzt im Schlafzimmer des Dalai Lama. An einer Wand steht das Bett, daneben eine große Kommode, wunderschön bemalt. Auf ihr steht ein Glasschrein mit verschiedenen kleinen goldene und silberne Buddhas. Auf der Rückseite des Raumes befindet sich eine kleine rote Holztür, die mit floralem Muster verziert ist, das ist der Zugang zur Toilette. Wir kommen immer wieder in kleine oder größere Wohnzimmer des Dalai Lama, die aber abgesehen von der Decke und den Türen schmucklos und leer sind. Ab und zu stehen nur sieht man einen Schrank. Jetzt gelangen wir in einen offenen Innenhof und von dort in einen anderen Bau. Er ist weiß mit blauen Ornamenten, hier wohnten die Eltern des Dalai Lama. Jetzt kommen wir ins Thronzimmer, einen wunderschönen Raum, der an allen Seiten bemalt ist. Auf den Thron gelangt man über eine Treppe. In dem linken Wandfries erkennen wir den jetzigen Dalai Lama mit der gelben Mütze, um ihn stehen seine Beamten und seine Eltern. Auf der rechten Seite ist der 13. Dalai Lama abgebildet. Weiter sind Abbildungen von tibetischen Klöstern zu sehen. Wir gehen durch einen weiteren offenen Innenhof und kommen in das Bad der Mutter des Dalai Lama. Es ist mit weißen Kacheln bis zur Schulterhöhe ausgestattet. Die Einrichtung ist nicht gerade modern, sie besteht aus einer uralten Badewanne, eine alten Toilette und einem altem

Waschbecken, wie sie bei uns kurz nach dem Kriege üblich waren. Wir spazieren dann ins Besuchszimmer für Fremde, ein sehr einfach gehaltener Raum, mit einer Couch mit schönen Teppichen, die zum Teil übereinander liegen. Die Einrichtung ist schlicht mit Ausnahme einer kleinen, sehr schön verzierten, goldfarbenen Truhe. Es gibt einige harte Sitzgelegenheiten, die mehr zum Liegen als zum Sitzen geeignet sind, daneben steht ein alter Drehsessel, wie man sie früher in Büros der fünfziger Jahre hatte. Dann gelangen wir in einen größeren Diskussionsraum mit drei Couchen und vier Sesseln und roten Polstern. Sie stehen vor einem Bild eines kambodschanischen Buddhas, der in neuerer Zeit von modernen Künstlern gemalt wurde. Wir kommen wieder in ein Treppenhaus mit einem großen Läufer in der Mitte und gehen die Treppen hinunter. Wenn ich mich so umschaue und die verschiedenen Gebäude, Höfe betrachte, dann meine ich, daß es eine Trennung von Innen- und Außenbereich gibt. Der Innenbereich ist durch eine große Mauer abgetrennt. In Gold gehaltene Wappen sieht man an den Mauern und den großen roten Eingangstoren mit gelben Scharnieren. Im Raum, den wir jetzt betreten – ich habe es aufgegeben, mir zu merken, welche Aufgabe er hatte - brennen mehrere große und kleine Butterlampen. Auffallend sind der große Gong und eine große Trommel, ohne daß man weiß, welche Aufgabe sie hatten. Ein Pilger verläßt fluchtartig den Raum, als wir kommen. Er hat eine Pepsi Cola-Flasche vor sich und scheint zu beten. Er murmelt vor sich hin und nimmt ab und zu einen Schluck aus der Flasche. Wir werden aufgeklärt, daß es sich bei dem Getränk wohl um Wulien He, den chinesischen Schnaps der fünf sauberen Kräuter handelt. Die Besichtigung des Sommerpalastes ist abgeschlossen und nun sitzen wir vier noch in einem kleinen Shop und trinken Tee, kaufen aber nichts. Wir haben heute früh, bevor wir uns mit Fahrer und Führer zur Fahrt zum Sommerpalast getroffen haben, vereinbart, daß wir ihnen schon jetzt das Trinkgeld geben. Wir geben ihnen jeweils dreihundertfünfzig Yüan, ungefähr 70,- DM, in zwei Umschlägen. Sie freuen sich sehr darüber. Danach fahren wir zurück zum Hotel.

Wir beschließen, uns ein wenig auszuruhen. Helmut will einige Karten schreiben. Ich schalte den Fernseher an und sehe in der BBC einen Bericht über eine Radtour durch 's Elsaß. Das paßt doch prima zu Tibet! Helmut kommt nach seinem Kartenschreiben zu unserer Teestunde auf mein Zimmer. Wir können einen neuen Teerekord ins Guinessbuch eintragen lassen. Wir haben zuerst meine Dreiliterkanne ausgetrunken, dann hat Helmut seine Kanne aus seinem Zimmer geholt und jetzt haben wir beim Zimmerservice eine weitere Kanne Wasser für grünen Tee geordert. Der grüne Tee scheint uns gut zu tun. Wo soll das noch hinführen! Unser Abendessen wollen wir dieses Mal im Mount Everest-Restaurant einnehmen. Hier ist es ausgesprochen vornehm. Die Fußböden der einzelnen Raume sind mit verschiedenfarbigem Marmor in Ornamenten verlegt, die Decke zeigt

einen blauen Himmel mit Wolken, die Seitenwände das Bergmassiv des Mount Everest. Die Kellnerinnen tragen eine schwarze Frackjacke, eine schwarze Fliege, ein weißes Hemd und graue Hosen. Köche gamit weißen Hosen, Kitteln und mit weißer Kochmütze stehen an einem riesigen Büfett mit europäischen Speisen. Eine Dreimann-Kapelle spielt europäische und amerikanische Schlager aus den dreißiger Jahren. Wir essen natürlich wieder viel zuviel. Es ist schlimm, wenn so viele Köstlichkeiten angeboten werden! Ich verzichte zwar auf die Suppe, aber den Kuchen muß ich unbedingt noch probieren. Wir trinken Mineralwasser zum Essen und gehen gegen 21.30 Uhr auf unsere Zimmer. Auf dem Weg spricht uns am Lift ein Chinese mit den Worten an: "Können Sie etwas Deutsch?" Ich überlege und fange an zu grinsen. Wir kommen ins Gespräch und tauschen die obligaten Visitenkarten aus. Es stellt sich heraus, daß er von einer chinesischen Reiseorganisation ist, die hier in Tibet Reisen für Ausländer organisiert.
Ich gehe gleich ins Bett und stelle fest, daß es mir heute so gut wie noch in Tibet ging.

## Der Jokhang- Tibets Nationalheiligtum

Die Nacht war nicht gerade toll. Um 3.20 Uhr ging das Telefon und ich wurde mit den Worten geweckt: "A very nice day ". Danach konnte ich nur schlecht wieder einschlafen. Gestern Abend wollte ich noch baden. Das Wasser war zwar heiß, so daß ich mir die Hand verbrannt habe. Als aber überall kleine Fliegen in der Badewanne herumflogen und ich feststelle, daß die Badewanne nicht gerade sauber war, habe ich davon Abstand genommen. Heute früh geht es Helmut gar nicht gut. Die Nacht wäre sehr schlecht gewesen, er hätte kaum Luft bekommen, erzählt er. Ich gebe ihm eine Vitamintablette und eine Aspirin. Beim Frühstück stellen wir fest, daß viele Deutsche im Hotel sind, daneben nur noch Amerikaner und Japaner. Viele neue Gruppen sind angekommen, jetzt aber jüngere Leute zwischen Ende 30 und Mitte 40. Auch hier sind die ohne männlichen Schutz reisenden Frauen in der Minderheit. Die wenigsten Besucher haben Koffer mit, die meisten Leute tragen ihre Sachen in Rucksäcken. Zwei Deutsche im Fahrstuhl meinen, das habe den Vorteil, daß man Rucksäcke im Gegensatz zu Koffern auch auf Lastwagen werfen könne. Sie freuen sich aber auch, mal wieder im Hotel zu wohnen. Das Hotel ist an und für sich ganz hübsch, es hat ein großes Schwimmbad und mehrere Becken für die Enten. Ich komme immer noch nicht klar, warum man Enten halten muß. Das Hotel ist im Innern etwas heruntergekommen, manche Bereiche könnten etwas Farbe gebrauchen. Der Fahrstuhl bleibt ab und zu stehen. Auch die Badewanne könnte etwas besser sauber gemacht werden. Geheizt wird hier auch nicht. Nachts braucht man alle Decken, die man finden kann, damit man nicht friert. In der großen Halle kann man nicht sitzen, weil es zu kalt ist. Beinahe wie in Sibirien! Gestern kamen wir um 13 Uhr nach Hause, da waren die Betten immer noch nicht gemacht und die Zimmer nicht fertig.

Wir fahren in die Altstadt. Überall sehen wir in den Seitenstraßen Händler. Viele bieten Äpfel an. Das Fleisch liegt zum Verkauf direkt auf dem Pflaster der Straße. Für uns ist das doch etwas gewöhnungsbedürftig. Vor uns zieht so großer Qualm auf, daß man kaum die Hand vor Augen sehen kann. Auf unsere fragenden Gesichter und die deutenden Finger werden wir auf die Räucherstäbchen der Pilger vor dem Zentralkloster verwiesen. Hier sind Hunderte, vielleicht Tausende von Pilgern. Der große heilige Platz ist durch den Rauch der riesigen Weihrauchöfen fast nicht sichtbar. An vielen Ecken sitzen Pilgergruppen und warten auf den Gang zu den Pilgerstätten. Mit Bubu gehe ich zu einem Stand, um für meine vier Frauen, meine Frau und die drei Töchter, vier weiße Seidenschals zu kaufen. Vor dem Kloster sind unzählige Pilger versammelt in ihrer Festtagstracht. Insbesondere die Frauen haben die Haare kunstvoll geflochten und mit Silberschmuck verziert. Die Gläubigen falten die Hände, werfen sich auf den Boden. Eine ungeheure Menschenmenge drängt sich zum

Klostereingang, wir kommen kaum voran, wir sind nach allen Seiten eingekeilt. Der Jokhang vor dessen Eingang wir uns befinden, ist das Ziel jeder Pilgerreise eine gläubigen Tibeters. Wenn man die Pilger jeden Alters hier sieht, kann man sich gar nicht vorstellen, daß es auch ungläubige Tibeter geben kann. Dieses Heiligtum, Bubu erklärt uns, daß es das wichtigste in Tibet sei, ist im 7. Jh. erbaut worden und ist mit den heiligsten Standbildern ausgestattet. Alle Schulrichtungen des Buddhismus in Tibet haben Standbilder gestiftet. Ich werde mir nicht die Mühe geben, sie im einzelnen zu beschreiben oder gar zu merken. Auch wenn ich den Namen wieder vergesse, nachdem ich ihn aufgeschrieben habe, ist jedoch wichtig, daß in diesem Tempel die wichtigste und heiligste Statue, der Jobo Shakyamuni aufbewahrt ist. Sie verkörpert den historischen Buddha, der mit weltlichem Namen Gautama Siddharta und geistlichem Namen Buddha Shakyamuni heißt, angetan mit dem Schmuck eine Jobo d.h. unter anderem mit einem Diadem ausgestattet.

Tausende von Butterlichtern flakern links und rechts vor uns, eine große Anzahl von Mönchen mit dunklen Gewändern, die ihre Gebete murmeln und singen. Im Innenhof sitzen auf dem Boden Mönche mit Tee und großen Teekannen, überall hört man das Gemurmel der Betenden. Ein Mann geht mit einem Kupferkessel von Mönch zu Mönch, schaut in die Teetassen und gießt Tee nach.      Wir stehen in einem größeren Innenhof, hier tragen die Pilger ebenfalls Räucherstäbchen und Butterlichter. Neben der großen Schar der Mönche, die vereint auf dem

Boden sitzt und Gebete im gleichen Rhythmus
spricht und sich verneigt, stehen an einigen
Pfeilern Mönche, die selbst aus Büchern etwas
vorlesen. Frauen mit großen Traglasten huschen
an den Mönchen vorüber. Ein Gong ertönt, einige
Mönche blasen auf einem langen Horn immer den
gleichen Ton. Hierher kommen die Menschen mit
Kind und Kegel aus den entferntesten Gegenden,
Frauen mit geflochtenen Haaren, Kleinkinder und
uralte Menschen. Wir kommen in einen weiteren,
schmalen Innenhof mit Hunderten von
Gebetsmühlen. Die Pilger, in einer kilometer-
langen Schlange stehen, drehen jeweils die
angebrachten Gebetsmühlen. Danach gehen die
Pilger auf der Rückseite fast bis zum Eingang
zurück. Dabei halten sich die Menschen alle
aneinander fest. Sie haben Butterlichter in der
Hand und Räucherstäbchen. Wenn sie uns sehen
schauen sie uns erstaunt an, andere lächeln.
Ein kleiner Junge hat sich aus der Gruppe heraus
zu uns gewendet. Nachdem wir den Rundgang
beendet haben, gelangen wir in einen riesigen
Innenraum, einen Versammlungsraum mit
zwei großen Buddha-Statuen. Auf dem Boden
liegen viele Matten. Auch hier ziehen die Pilger
wie in einer großen Polonaise durch den Raum,
damit sie sich bei den unübersichtlichen,
verschachtelten Räumen nicht verlieren.
Sie halten sich mit den Händen an der Schulter
ihres Vordermann oder der Vorderfrau fest. Wir
gehen an den Seiten entlang, in kleinen Nischen
sind viele kleine Buddhafiguren. Unser Führer
macht uns auf die Replik einer Buddhafigur
aufmerksam, die bei der Kulturrevolution zerstört

wurde. Ein Ordner, ein Mönch, hat eine besondere Methode entwickelt, die Pilger im Eiltempo zu den Besichtigungsstätten zu bringen. Er nimmt einen Pilger, fast ihn an der Schulter, dann gibt er ihm einen heftigen Stoß, so daß er in die jeweilige Nische hineinfliegt und zerrt sie wieder mit beiden Händen heraus. Handwerker bringen selbst angefertigte Buddhafiguren hierher, lassen sie segnen, bevor sie sie verkaufen. In der Ecke stehen riesige Buttertöpfe mit Deckeln. Hier stinkt es barbarisch nach zerflossener, ranziger Butter und der süßliche Geruch von Weihrauch vermischt sich damit. Wem noch nicht schlecht ist, dem kann es hier garantiert werden. Die Buddhafiguren in den Nischen können uns nur wenig begeistern, wir sind froh, wenn wir aus den Räumen herauskommen. Frische Luft ist das einzige, was wir wollen. Auf einer Terrasse sitzt ein einzelner, weißhaariger Pilger allein und betet. Wir gehen den Weg der Gebetsmühlen entlang, wo es noch immer von Pilgern nur so wimmelt. Am Ende des Ganges führt eine Treppe zum ersten Stock. Hier ist es ruhig und man hat eine wunderbare Aussicht auf die ganze Tempelanlage, insbesondere auf den Innenhof, in dem die Mönche ihre Gebete und rituellen Zeremonien ausüben. Im 2. Stock überblickt man den ganzen Tempelbezirk. Die Pilger verlassen den ihn wieder, nachdem sie ihre Zeremonien abgeschlossen haben. Aber auch im Vorbereich des Klosters sind noch viele Pilger. Man sieht die beiden großen Brennöfen auf dem Vorplatz, aus deren Seitenwänden der Rauch von brennendem

Weihrauch in dicken Schwaden quillt. In der Ferne sieht man den Potala. Es ist schon ein gewaltiger Eindruck, den man hier von der ungeheuren Frömmigkeit, der Fröhlichkeit und der Herzlichkeit der Tibeter gewinnt, mit der man aufgenommen wird. Wenn wir als Ausländer die Zeremonien eher stören, uns vorbei drängeln, fällt kein böses Wort, es schaut uns keiner verärgert an. Die Leute lächeln, manche grüßen, sagen "Hallo". Viele schauen uns ganz erstaunt an, erschreckt, manche haben Weiße oder Langnasen noch nie gesehen, um genau zu sagen, fast die überwiegende Anzahl, insbesondere die Leute vom Lande.

Wir wollen jetzt die Quartiere der Mönche besuchen. Sie wohnen im 1. Stock, dort haben einige Türen ein Vorhängeschloß und die Fenster sind meistens mit Baustahl vergittert. Wir sehen eine Gruppe von Mönchen, die hier die Statuen selbst herstellen. In einem kleinen Raum mit einem schönen Deckenfries steht auf der linken Seite eine Glasvitrine, in der sich Bücher befinden, davor ein geschlossener Schrank. Zwei Thankas und Bilder des Dalai Lama sind auf einem Tisch ausgebreitet, vor uns zwei Lagerstätten auf denen große Teppiche liegen. Wir lernen den Sohn des Cousins von Bubu, der auch Mönch ist, kennen. Er hat uns Buttertee angeboten und Fladenbrot mit Butter. Er erklärt uns, daß sein Kloster in ganz Asien 60 Niederlassungen habe. Nach Verlassen des Klosters kommen wir an einem Töpfermarkt mit vielen Tongefäße vorbei. Wir fahren wieder am

Denkmal der Kulturrevolution, bestehend aus 3 erbeuteten Yaks vorbei. Auf den Straßen am Rand sieht man ab und zu eine Kuh stehen, die an einem Müllhaufen etwas zu fressen sucht.

Nach der Ankunft im Hotel überreicht mir unser Reiseführer Teile eines in einen Seidenschal gewickelten alten Buches seiner Familie zum Geschenk. Ich freue mich sehr und bedanke mich. Leider habe ich kein passendes Geschenk für ihn. Wir, Helmut und ich, gehen wieder ins Everest-Lokal essen. Auch jetzt ist es wieder viel zuviel, das Büfett ist aber auch wirklich sehr gut. Um 14.30 Uhr sendet Helmut ein Fax nach Hause, danach wollen wir noch einkaufen. Der Fahrstuhl spinnt wieder mal, aber das stört uns nicht so sehr.

## Straßenmarkt in Lhasa

Wir fahren jetzt zu einem Straßenmarkt in der
Altstadt. er liegt in der Nähe des großen Platzes.
Helmut will im Hotel Geld wechseln, das ist aber
nicht möglich. Scheinbar ist entweder die Bank
geschlossen oder sie hat kein Geld. Hier sitzen
sehr viele Leute. Auf dem Platz unweit des
Klosters lagern Pilger auf dem Boden, die
offensichtlich schon fertig mit ihren religiösen
Verrichtungen sind. Sie essen etwas und ruhen
sich aus. Helmut macht einige Aufnahmen, bei
einem Händler versuche ich zwei kleine Buddhas
zu erstehen. Es gibt hundert, um nicht zu sagen
mehrere hundert Geschäfte mit allen möglichen
Gegenständen, von Thankas bis zu Butterlampen,
Buddhas, Uhren, Mützen, Stoffe, Decke, die
feilgehalten werden. Wir haben eine Tragetasche
gekauft, um die Sachen unterbringen zu können.
Dann habe ich noch vier Kassetten mit tibetischer
Volksmusik gekauft. Helmut hat eine ganze
Reihe von Butterlampen, ich nur zwei aus
Messing erstanden. Nach langem Handeln habe
ich noch drei Snuff-Bottles erstanden und zwei
Buddhas aus Messing. An einem anderen Stand
kaufe ich noch zwei alte Vasen, ein Pärchen. Es
ist 17.20 Uhr und wir haben praktisch alles Geld
ausgegeben.

Im Hotel setzen wir uns erst einmal zu einer
Tasse Tee zusammen und erstellen die
Abrechnung. Das Abendessen wollen wir uns
sparen. Später will ich noch den Koffer packen.
Es wird schwierig, alle Sachen darin unter zu

bringen. Ich will jedenfalls versuchen, möglichst alles so zu arrangieren, daß ich in Peking nicht soviel umpacken muß. Außerdem muß ich darauf achten, daß die empfindlichen Sachen möglichst sicher eingepackt sind, ist ja klar. Morgen heißt es schon um 5.00 Uhr aufstehen und um 6 Uhr zum Flughafen fahren. Nach dem Packen gehe ich deshalb sofort schlafen.

# Abschied von Tibet

Der telefonische Weckdienst ist pünktlich, er weckt wie vereinbart um 5 Uhr. Helmut kommt wenig später an meine Tür. Ich packe den Rest ein, danach gehen wir frühstücken. Der Frühstücksraum ist schon ab 5 Uhr geöffnet, Es haben sich aber nur wenige Leute dorthin verirrt. Die Koffer haben wir schon früher in der Halle abgestellt. Plötzlich kommt Unruhe auf. Ein Mann, offensichtlich ein Amerikaner wird von zwei Tibetern in weißen Arztkitteln, dem Hotelmanager auf einer Bahre in die Hotelhalle gebracht. Offenbar kommt er aus dem Krankenhaus. Und soll zum Flugplatz transportiert werden. Er wird in einen Krankenwagen geschoben und dann fährt er mit medizinischer Begleitung los. Wir holen den Rest des Gepäcks und fahren um sechs Uhr ab. Draußen ist es noch sehr dunkel. Der Fahrer fährt wie ein Henker. Er hat offenbar den Ehrgeiz, jedes Fahrzeug, das er in der Ferne sieht, zu überholen, aber kein Auto vorbei zu lassen. Unser tibetisches Duett singt die buddhistischen Gesänge des Radios lautstark mit. Für uns Morgenmuffel ein echter Genuß! Das geht etwa eine Dreiviertel Stunde so bis zum Flughafen. Gegen 7.40 Uhr sind wir auf dem Airport, es fängt langsam an hell zu werden. Am Abfertigungsschalter steht eine große Menschenschlange, die vor uns aufgestanden ist. Ich passe auf das Handgepäck auf, Helmut schafft es verhältnismäßig schnell, mit der Abfertigung fertig zu werden. Wir haben 9 Kilo Übergepäck und müssen dafür bezahlen. Alles ganz besonders wichtige Souvenirs! Hinzu kommt die Flugtaxe, sie beträgt für Ausländer 40 Yüan für Einheimische 30 Yüan. Ein Amerikaner und seine Schwester oder Tochter fliegen mit uns nach Chengdu. Er kommt aus San Francisco, sie aus Kanton. Sie brechen den Urlaub ab, weil es der jungen Frau – sie ist nicht älter als 28 Jahre - so schlecht geht. Es hatten doch mehr Menschen in Tibet gesundheitliche Probleme, als wir gedacht haben. Es herrscht ein großes Gedränge, als wir zum Flugzeug gehen. Es gibt zwei Flüge nach Chengdu, einer um 9.10 Uhr, einer um 9.20 Uhr. Welcher der richtige ist, ist uns nicht klar. Wir orientieren uns nur an der Bordkarte. An Bord werden wir feststellen, ob wir richtig sind.

Wie auf dem Hinflug so gibt es auch auf dem Rückflug Probleme mit dem Gepäck. Die Chinesen versuchen, Kästen, Kisten und Koffer in den oberen Fächern unterzubringen. Dabei kann man schon von weitem sehen, daß dieses oder jenes Gepäckstück schon von der Länge oder Breite her niemals in das Fach passen kann. Ein Chinese „ziert sich" beim Hinsetzen. Er macht die Stewardeß darauf aufmerksam, daß jemand auf den Sitz gebrochen hat. Wie appetitlich! Die Stewardeß macht aber keine Anstalten, den Sitz sauberzumachen. Sie kommt nach geraumer Zeit mit einer Zeitung, damit sich der Passagier auf die Zeitung setzen kann.
Wir fliegen um 10.10 Uhr ab, womit die Frage, ob es sich um den frühen oder späten Flug handelt,

geklärt sein dürfte, denn es ist das einzige Flugzeug auf dem gesamten Flughafen. Nach einer halben Stunde Flug wird das Essen serviert. Erst gibt ein Erfrischungstuch, dann erhalten wir eine Dose mit einem undefinierbarem Getränk. Es schmeckt irgendwie nach einer Mischung aus Kaffee und Orangensaft. Orangensaft mit Koffein? Müßte man eigentlich patentieren, so sonderbar schmeckt das Gebräu. Helmut bekommt 4 Dosen, aber nicht etwa weil er so nett zu der Bedienung ist, sondern weil bei jedem Öffnungsversuch der Henkel zum Aufmachen abbricht. Tja, Wunder der Technik! Das scheint auch anderen Leuten so zu gehen. Die Tabletts werden lieblos auf die Tische geknallt. Wir öffnen das Silberpapier und schauen uns das Festtagsmenü an. Es besteht aus einem Brötchen, geräuchertem Fisch mit etwas Salat, Marmelade, einem kleinen runden Kuchen, einem kleinen Stück Trockenkuchen und zwei Erdnuß-Eiröllchen. Wir haben bei den Getränken die Auswahl zwischen Sprite, Cola, Wasser und Tee. Die meisten Chinesen trinken auch hier, wie in jedem chinesischen und anderem Flugzeug, Cola. Vergessen habe ich bei meiner Aufzählung den Zahnstocher, das Erfrischungstuch und die Serviette, die mit zur Ausstattung gehören. Wir landen kurz nach 11 Uhr in Chengdu und laufen mit unserem Handgepäck über das Rollfeld. Die junge Amerikanerin neben uns meint, sie würde nie mehr nach China fahren, der Westen sei doch besser. Das verwundert schon, denn am Äußern der beiden Amerikaner kann man unschwer erkennen, daß sie chinesischer

Herkunft sind. Der Führer, der uns auch schon auf dem Hinweg in Chengdu im Empfang genommen hat und deutsch spricht, holt uns ab. Wir fahren ins Provinzmuseum von Chengdu. Im dortigen Restaurant sollen wir zu Mittag essen.

Danach fahren wir zum Zoo der Stadt Chengdu. Vor dem Eingang stehen eine Reihe von großen Plüschtieren. Sie sollen zeigen, welche Tiere im Zoo zu sehen sind. Wir wollen wie alle westlichen Besucher zu den Pandabären. Unser Panda liegt auf dem Rücken und schläft. Sieht nett aus, der Kleine. Wir gehen zum Freigehege, haben aber kein Glück. Zwar wälzt sich aus einer hellblauen Holztür behäbig ein weiterer, aber viel größerer Panda heraus, er tritt aber gleich wieder den Rückzug an und verschwindet im Inneren des Gebäudes. In einem Käfig schläft noch ein dritter. Besonders aktiv ist jedoch keiner. Nach einem kleinen Rundgang durch den Zoo gehen wir zum Auto und fahren dann in ein Sezhuan-Restaurant. Unser Reiseführer hat einen Tisch für uns drei reserviert und wir unterhalten uns. Das Essen ist ausgezeichnet. Im Anschluß daran fahren wir ins Hotel und bekommen unser Zimmer zugeteilt. Wir sind im gleichen Hotel untergebracht wie auf dem Hinweg. Bisher haben wir aber unser Gepäck im Wagen mit uns geführt, da wir erst die Besichtigung absolvieren wollten. Auf unserem Zimmer falle ich gleich todmüde ins Bett.

## Der Blumen- und Tiermarkt von Chengdu

Um 8.30 Uhr gehe zu Helmut. Zusammen marschieren wir, wie es uns unser Führer empfohlen hat - in den zweiten. Stock zum Frühstück. An der Tür zum Frühstücksraum werden wir gefragt, ob wir zu einer Gruppe gehören würden. Als wir das bejahen, denn zwei Personen sind eine Gruppe, verweist man uns in den ersten Stock. Dort ist die Cafeteria. Wir bestellen Rührei, Toastbrot, Butter, Orangensaft und Tee. Nach dem Frühstück verlangt die Bedienung 72 Yüan von uns. Aller Protest hilft nichts. Der Reiseführer, der dazu kommt, erklärt, er könne nichts machen. Es sei schwierig, das Geld zurückzubekommen. Weiter informiert er uns, daß wir das ganze Gepäck mitnehmen müßten. Wir fahren mit dem Fahrstuhl aufs Zimmer und holen unsere Sachen. Helmut schaut noch nach einem Fax, zahlt die Getränke. Wir fahren mit dem Lift nach unten, laden alles in den VW-Santana und fahren durch das Verkehrs- gewimmel zum Bambuspark. Dort gibt es verschiedene Sorten von Bambus. Es ist ein großer, wunderschöner Park mit Pagoden, einem großen See, hohen Bäumen und Blumenrabatten. Die Pagode, an der wir vorbeikommen, ist unten viereckig und oben achteckig. Sie wird eingerahmt von vielen hohen, alten Bäumen. Wir sehen Kinder beim Picknick in der Nähe einer Sitzgruppe aus Stein. Wieder andere spielen auf einem Kinderspielplatz, zu dem auch ein Loch- billardtisch gehört. Chinesen spielen eine Art

Ringspiel, sie werfen mit Eisenreifen auf Figuren von Löwen, Drachen und anderen Figuren. An einer anderen Stelle sind Sportgewehre montiert, wo man seine Schießkünste ausprobieren kann. Bei diesem herrlichen Wetter laufen die Menschen auf einer großen Promenade im Sonnenschein, einige machen Tai Chi Übungen. Zwei Chinesen stehen am Rand des Weges, vor ihnen zwei Wägelchen, mit dem man Menschen oder auch Lasten befördern kann. Sie haben lange Deichseln, vor ihnen ist jeweils ein Steinbock als Zugtier eingeschirrt. Sie warten auf Kundschaft. An einem großen Teich mit einer Insel und einem Pavillon in der Mitte stehen etwa zehn Angler, die ihr Glück versuchen. Es wird wirklich viel gefangen. Ein Pärchen hat in einem Eimer zehn Fische liegen und freut sich. Wir gehen an einem pagodenförmigen Teehaus vorbei, viele Chinesen sitzen auf der Terasse im und trinken Tee. Auch wir ruhen uns aus, unterhalten uns und trinken Tee.

Nach unserem kleinen Rundgang gehen wir zum Auto und fahren zum Free-Market. Hier gibt es alles, was das Herz begehrt oder besser, was sich ein westlich nicht verdorbenes Chinesenherz erträumt. Helmut zieht es zum Markt für Grünzeug, wie unser Führer meint. Hier gibt es Pflanzen aller Art, Schnittblumen sowie Farne und Palmen in Töpfen. Daneben sind Bonsais in allen Größen zu billigen Preisen zu haben. Helmut sucht unterschiedliche Blumenzwiebeln für seinen Garten und ersteht auch einige. Außerdem gibt es eine große Vogelabteilung mit vielen Singvögeln in großen und kleinen Käfigen. Mir persönlich haben es die Miniaturen und anderen Kleinigkeiten angetan, kleine Pagoden aus Stein, aufgespießte Schmetterlinge, Pflanzenknollen, alte Fahrräder, kleine Figuren aus Porzellan, Schmuck aus Halbedelsteinen, alte Dolche, Seiten aus Büchern, alte Münzen. Helmut entdeckt Steine in verschiedenen Formen und Größen, rund, eckig und in Eiform, flach und dick, einfarbig, mehrfarbig, schillernd oder durchsichtig. Er kauft 3 Stück, die unter Wasser besonders glänzen. Ich sehe an einem Stand alte Bücher, handele zusammen mit unserem Führer und bekomme die 3 Bücher für insgesamt 300 Yüan. Das ist vergleichsweise ein Schnäppchen. Da ich eigentlich kein Geld mehr ausgeben wollte, habe ich auch kein chinesisches mehr, so daß ich Helmut anpumpen und doch noch Geld wechseln muß. Helmut ersteht noch drei Blumenzwiebeln. Er hofft, daß sie zu Hause wie bisher gut aufgehen. Wir schlendern weiter über den Markt, sehen viele Aquarien mit Zierfischen, aber auch Plastik- und Blechwannen, in denen eine Unmenge von Fischen schwimmt. Jetzt sind wir am Gemüsemarkt und sehen bekannte und unbekannte Gemüsesorten. Was nicht in die bauchigen, geflochtenen Körbe paßt, wird auf den staubigen Boden gelegt. Wir kommen dann zum Fleisch- und Tiermarkt. Hier ist die Hölle los, würde mein Freund Matthias sagen, und tatsächlich pulsiert hier das Leben des Orients. Man sieht Vögel in Käfigen in allen Größen und Farben, kleine Hunde und Katzen in winzigen Käfigen. Schildkröten, Schlangen, Heuschrecken, Küchenschaben, Spinnen, Frösche und allerleiMeeresgetier. Allen Tierschutzorganisationen der Welt würde sich hier der Magen umdrehen, aber hier steht man diesen Zuständen gegenüber schmerzfrei gegenüber. Wie auf allen Tiermärkten in Südostasien passen in einen Käfig von 30 mal 50 Zentimeter Größe mindestens 4 bis 5 kleine Hunde oder 6 bis 7 Katzen. oder 3 Papageien und 7 Kanarienvögel. Bei der Aufbewahrung und dem Umgang mit den Tiere geht man nicht gerade zartfühlend mit den kleinen Wesen um. Blut spritzt an vielen Stellen des Marktes, so wie wir es auch in dem Spezialitätenrestaurant erleben konnten. Krebse ca. 30-40 Stück krabbeln in einem Bottich übereinander. Langusten, Hummer haben sich mit ihren Scheren verkeilt. Der Verkäufer aber interessiert sich nicht besonders dafür, er sitzt in der Nähe bei einem Täschchen Tee guckt in die Luft oder unterhält sich mit seinem Nachbarn. Wenn wir näher- kommen, schaut er eher uninteressiert zu uns, da er nicht damit rechnet, daß wir Heuschrecken oder Kakerlaken zum Festmahl einkaufen werden. Die Chinesen hingegen, Gourmets und Restaurantbesitzer, prüfen sachkundig die Angebote und gehen dann oft mit einem kleinen Fisch eingepackt in einer Plastiktüte mit Wasser nach Hause. Der Geruch hier ist nicht gerade einladend. An einem Stand schöpft ein Mann mit einem großen Schöpflöffel oberflächlich eine dunkle, dampfende Brühe mit Fettaugen ab und gibt diesen Sud durch ein Leintuch. Er stellt Sojabohnenöl her. Das Fleisch hängt in der Fleischabteilung an Haken an den

Querstreben des Standes, manchmal auch an
Metall-kleiderhaken oder Kleiderbügeln aus
Draht. Seetiere in riesigen Mengen befinden sich
in zwei großen, roten Waschwannen. Das wuselt
und krabbelt durcheinander, Würmer, Spinnen,
Kakerlaken. Alles Tiere, die wir so lieben!
Zum Schluß gelangen wir zum Gewürzmarkt.
In runden, tiefen Körben liegen die Gewürze in
riesigen Mengen. Ich mache mir den Spaß, bei
einem der Gewürzhändler die Zahl der Körbe mit
den verschiedenen Gewürzen zu zählen. Auf den
riesigen Holzgestellen liegen in 30 Reihen je 10
Körbe mit Gewürzen und Zutaten für das
chinesische Essen. Hier am Markt gibt es
interessante Leute und Verkaufsartikel.
Man müßte mehr Zeit haben, das Treiben zu
beobachten. Uns ist es zwar nicht fremd, da es
einen ähnlichen Markt in jeder Stadt gibt, aber es
fasziniert uns immer wieder. Wir beschließen, in
ein großes Kaufhaus zu gehen. Helmut sucht ein
Besteck mit Holzgriffen, wie es in Deutschland
nach dem Krieg in Mode war. Vor dem Kaufhaus
scheint das Domizil der Bettler – es sind meistens
Krüppel ohne Beine oder Arme – zu sein.
Wir kramen in unseren Taschen und verteilen
unser Kleingeld. Das Kaufhaus ist wie auch
ähnliche in Peking oder Shanghai superelegant,
Modernste Rolltreppen führen in die
vier Geschosse mit Marmorfußböden und
Spiegelglas. Wir gehen in die
Lebensmittelabteilung im Erdgeschoß. Neben
chinesischen, findet man Waren aus den USA
und Europa. Das gilt auch für Wein und
Spirituosen. Helmut findet das gesuchte Besteck,

wenn auch die Holzfarbe nicht genau dem mitgebrachten Muster entspricht, aber für umgerechnet 90 Pfennig pro Stück kann man auch nicht viel verlangen. Wir laufen zum Auto und fahren jetzt durch viele Hauptstraßen und Nebengäßchen. Schließlich halten wir in einem Hinterhof. Vom ersten Stock eines großen Kaufhauses, in dem man dauernd von den Verkäufern angesprochen wird, gelangen wir in ein großes Restaurant. Es wäre untertrieben, es als voll zu bezeichnen, es quillt über von Menschen. Nachdem Herr Du, unser Reise- begleiter, für uns einen Tisch erobert hat , wir unser Erfrischungstuch bekommen haben und Du das Bier sofort eingeschenkt hat, geht es uns wieder gut. Du gibt die Bestellung auf. Es gibt 3 Arten von Suppen, dann 9 verschiedene Gerichte, teilweise süßlich, scharf, mit Sojakeimen, Fleisch, mit Erdnüssen und Gemüsen. Helmut ißt nur ein paar Erdnüsse. Er erklärt, ihm sei aufgrund des Drecks auf dem Markt so schlecht, daß er nichts herunter bekommen könne. Das wundert mich eigentlich, denn er ist sonst ziemlich robust.          Ich habe wieder zuviel gegessen. Wo das wohl endet?

Die Toiletten sind katastrophal, ihr Zustand ist schlechter als in Tibet. Einzelheiten will ich mir ersparen. Unser Begleiter, Herr Du, will im Januar nächsten Jahres für eine Woche nach Österreich und Ungarn fahren. Er hofft, daß es seiner Kariere nutzen wird.

Es ist jetzt 14.10 Uhr und wir sind auf dem Weg

zum Flughafen. Dort herrscht viel Betrieb. Herr Du und der Fahrer helfen uns beim Einchecken, es geht schnell und reibungslos. Im Warteraum herrscht wieder das übliche Chaos. Wenn man den Anzeigen auf der Tafel traut, fliegen alle 13 Flugzeuge nahezu zur gleichen Zeit von den gleichen Gates ab. Der Aufruf des Fluges erfolgt zunächst in Chinesisch, dann in einem unverständlichen Englisch. Mit dem Airportbus fahren wir über das Rollfeld zum Flugzeug, Helmut steht ganz vorne und kämpft sich durch eine Masse von Chinesen durch, ich schaue mich um und sichere ihm den Rücken, wie man das immer in spannenden Krimis sieht. Es sieht so aus, als hätten wir beim Einkaufsbummel doch das eine oder andere überflüssige Stück mit Leidenschaft erstanden. Denn er trägt eine Aktentasche mittlerer Koffergröße, einen Metallkoffer und ein übervolles Bordcase. Nicht zu vergessen einen Plastikbeutel und eine Stoffumhängetasche mit Blumen, die an die Stelle des Knollenbeutels getreten ist, der vorhin im Warteraum unglücklicherweise gerissen ist. Wir haben das Problem mit der Einkaufstüte durch den Kauf einer Flasche billigen, chinesischen Cognacs, man kann auch sagen Fusels, gelöst. Die Maschine soll um 15.30 Uhr losgehen, auf dem Ticket steht 15.40, aber ohne Verspätung geht es nicht und so ist es jetzt schon 16.10 Uhr. Die Maschine wird wahrscheinlich erst fliegen, wenn sie voll ist. Unser Flugzeug, eine Tupolew TU 154, ist eng und hat keine Staumöglichkeiten. Ich rechne damit, daß Helmut schon am Verzweifeln ist, aber er ist bereits an

Bord, kommt mir gutgelaunt entgegen. Er hat wohl alles irgendwie unterbringen können. Leicht war das sicher nicht. Mein Bordcase kommt zur Besatzung, ein Privileg für Langnasen. Neben, vor und hinter mir sieht es aus wie in einem Warenlager. Die Leute bringen ihren ganzen Hausrat mit, jeder hat mindestens drei oder vier Koffer. Taschen und Säcke stehen in den Gängen und den Notausgängen. Heute abzustürzen, wäre etwas ungünstig. Wir waren ja schon oft in China und sind die ausgefallensten Strecken in den letzten 20 Jahren geflogen, aber das haben wir auch noch nicht erlebt. Endlich sitzt jeder, die Erfrischungstücher werden gereicht, kurz darauf gibt es Tee, Limonade oder Cola. Das Essen lasse ich ausfallen, ich bin noch satt vom Mittagessen. Eine weise Entscheidung! Ich fühle mich richtig gut. Zum Schluß bekommen wir wie bei jedem Flug der Fluglinie Südwestchina Airline ein Geschenk. Diesmal ist es ein Haarwaschmittel.
Die Maschine landet mit 15 Minuten Verspätung in Peking. Auch hier ist das Wetter gut, nur etwas bewölkt.

Weil wir in aller Ruhe und ohne Streß als letzte das Flugzeug verlassen, bekommen wir bei der Gepäckausgabe als erste unser Gepäck. Das nenne ich ausgleichende Gerechtigkeit und Helmut grinst. Es ist nur ärgerlich, daß sein Koffer an den Seiten und der Vorderseite aufgesprungen ist, da offensichtlich jemand einen Sack darauf geworfen hat. Prof. Wang, unser Freund, erwartet uns. Er erzählt uns zunächst alles über die geschäftlichen Entwicklungen der vergangenen Tage und bringt uns dann zu unserem Hotel. Es ist wie vor unserem Abflug nach Tibet, das Cvik- Hotel. Im Hotel bekommen wir zusammen eine geräumige Suite. Mit Prof. Wang gehen wir in den Cafe-Shop im Erdgeschoß, unterhalten uns über unsere Zukunftspläne bei Bier und Kaffee und erzählen von Tibet. Danach gehen wir aufs Zimmer, um uns die Übertragung des Tennisturniers mit Michael Chang hier in Peking anzusehen. Die Begeisterung der Chinesen ist groß, als er, der Amerikaner chinesischer Abstammung, sein Spiel gewinnt. Helmut geht um 22 Uhr ins Bett. Wie immer schläft er innerhalb von einer Minute ganz tief. Und ich stehe wie immer vor dem Rätsel, wie er das wohl macht. Ich lese noch ein wenig und bin um 23 Uhr auch nicht mehr in der Lage, die Augen offen zu halten.

## Der letzte Tag der Tibetreise

Zwar bin ich in der Nacht öfters wach geworden, habe aber insgesamt recht gut geschlafen. Mitten in der Nacht – ich stehe senkrecht im Bett - schreckt uns ein Telefonanruf mit der Mitteilung auf, es sei ein Fax eingegangen. Service hin oder her, das kann jetzt irgendwie nicht wahr sein. Um 8.30 Uhr erhalten wir einen Anruf von der Rezeption, wir müßten später das Zimmer wechseln. Ein Grund wird wie immer nicht angegeben. Gegen 8.45 Uhr geben wir uns einen Ruck und tapern schlaftrunken ins Bad. Die eiskalte Dusche macht auch den müdesten Krieger munter. Die geschäftlichen Treffen für den heutigen Tag klappen offensichtlich nicht, so teilt uns Professor Wang telefonisch kurz vor 9 Uhr mit. Der Tag ist gerettet.

Das Wetter ist schön, besser als in Chengdu. Wir packen alles zusammen, müssen noch ins Stadtbüro der SAS, um meinen Rückflug bestätigen zu lassen. Helmut fährt zur Rezeption, um unseren Umzug im Hotel zu regeln. Er kommt mit einem Pagen und einem großen Gepäckwagen zurück. Der lädt alle Gepäckstücke auf und wir ziehen von unserer Suite im 6. Stock in den 15. Stock um. Beide Zimmer haben die gleiche Ausstattung vom TV bis zum Bett und auch hier gibt es kein heißes Wasser. Die Aussicht ist von hier aus ist jedoch noch besser.

Mit Professor Wang haben wir ein Treffen für 15 Uhr vereinbart. Helmut hat Magenschmerzen und Durchfall, aber im Bett will er nicht bleiben. Ich biete mich zwar an, Krankenschwester zu spielen und ihn etwas aufzumuntern, was ihn allerdings nicht so recht überzeugt. Also laufen wir zum Freundschaftsladen, der nicht weit von unserem Hotel liegt. Das Wetter ist herrlich. Ich kaufe noch eine besonders schöne Jacke für meine Frau. Dann lohnt es sich auch, eine neue Tasche zu kaufen, weil unser Gepäck sonst nicht zu bewältigen ist. Nach langem Suchen finden wir eine Tasche, die durch einen Reißverschluß auf fast 1,50 Meter Größe ausgedehnt werden kann, sie kostet 120 Yüan. Also heißt es wieder Geld tauschen. Da Helmut dauernd auf die Toilette muß, ist es wohl besser, wir gehen ins Hotel zurück und legen uns etwas hin.

Ich koche Wasser und mache erst einmal Tee für uns. Wang will später kommen und eine Wundermedizin mitbringen. Wir legen uns hin und sehen etwas Tennis im Fernsehen. Gegen 14.30 Uhr wache ich auf. Es klopft an der Tür und ein Mädchen will die leere Thermoskanne abholen, ich gebe sie ihr und nach 15 Minuten haben wir auch heißes Wasser. Helmut schläft noch. Gegen 15.45 Uhr kommt Prof. Wang, wir trinken Tee und besprechen geschäftlichen Angelegenheiten. Danach will Helmut trotz seines Gesundheitszustands noch ins Antiquitätenviertel. Bei unserer Begeisterung für antike Möbel hätten wir vielleicht gleich einen Lastkran zum Transport ordern sollen.

Mittlerweile ist es aber schon fast 18.00 Uhr und viele Geschäfte sind bereits geschlossen, so daß wir eine realistische Chance haben, alles in unserem Handgepäck zu verstauen. Aber die Wirklichkeit straft uns Lügen! Helmut ersteht in einem Laden nach langem Feilschen einen reich verzierten Krummdolch. Ich kaufe vier kleine Snuff-Bottles. Wir sind glücklich, zufrieden und annähernd pleite. Jetzt habe ich nur noch Geld für Kekse und die Flughafengebühr. Helmut geht es schon besser. Wir fahren mit der Taxe zum Freundschaftsladen, der bis 21 Uhr geöffnet hat. In der Lebensmittelabteilung kauft Helmut Cracker, ich ein großes Päckchen Butterkekse.

Wir laufen zurück zum Hotel. Unser letztes Abendessen besteht aus Keksen und grünem Tee. Helmut trinkt nur heißes Wasser. Vorher haben wir uns im Friseursalon des Hotels nach Preisen und Öffnungszeiten erkundigt. Er hat, so erfahren wir, bis 21 Uhr auf. Dann geht das Sortieren und Packen los. Bordcase und Koffer werde ich aufgeben. In einen Beutel kommt der Hut aus Tibet, der Kulturbeutel und die Kamera, die anderen wertvollen und zerbrechlichen Sachen werde ich in einer Tasche von Helmut verstauen und mit an Bord bringen. Helmut wird unsere Spezialtasche hier behalten – er braucht sie dringender als ich - und bei seiner Rückreise nach Deutschland mitbringen. Um 21.30 Uhr ist nicht nur das Packen, sondern auch wir ziemlich geschafft. Wir schwitzen wie die Blöden.

Ich habe mich entschlossen, doch noch etwas für

meine Schönheit zu tun und den auszuprobieren.
Also mache ich mich auf den Weg ins Parterre.
Der Friseursalon hat noch auf, ich bin der einzige
Kunde. Dann geht es los, die Friseuse zeigt mir
bei jeder Strähne die Länge, die sie mit der
Schere abschneiden will und ich erkläre dann, ob
ich einverstanden bin oder ob sie mehr
abschneiden soll. Nach dem Haarewaschen folgt
eine kurze, angenehme Kopfmassage. Ich frage
sie, ob sie mir den Bart kürzen könne. Sie holt
eine Kollegin, beide lachen und erklären, der Bart
sei so schön, denn dürfe man nicht abschneiden.
Und so lasse ich es dabei, er bleibt so lang wie er
ist. Helmut sieht sich gerade einen Film an, wird
aber aus dem Inhalt nicht ganz klug, so daß er
relativ bald einnickt und mich mit seinem
Schnarchen aufweckt.

## Der Tag der Heimreise

Der Tag der Heimreise ist gekommen.

Gegen 6.20 Uhr wache ich auf, gut geschlafen habe ich nicht, vielleicht habe ich gestern abend zu viele Kekse gegessen. Um 7 Uhr werden wir telefonisch geweckt. Ich rufe ein paar Minuten später meine Frau in Frankfurt an und gratuliere ihr zum Geburtstag. Sie freut sich, auch wenn sie nach deutscher Zeit erst seit drei Minuten Geburtstag hat und es in Deutschland gerade kurz nach Mitternacht ist. Dann packe ich meine letzten Sachen zusammen. Helmut ruft gegen 7.40 Uhr den Boy, um die Sachen nach unten bringen zu lassen. Um 7.50 Uhr sind wir soweit. Ein Zimmermädchen rennt uns nach, weil sie denkt, wir reisen beide ab. Helmut beruhigt sie. Mit der Taxe fahren wir durch ziemlich leere Straßen und über die Autobahn zum Flughafen. Dort ist ein irrsinniger Betrieb. Helmut besorgt einen Gepäckwagen. Ich zahle die Flughafengebühr. Sie beträgt nicht 60 Yüan sondern 80 Yüan, so daß ich von Helmut noch 20 Yüan borgen muß. Auf der Anzeigetafel sind alle Abflüge verzeichnet, nur der nach Kopenhagen nicht. Helmut erkundigt sich an mehreren Stellen, bis er Glück hat. Man erklärt ihm, es sei alles in Ordnung. Kurze Zeit später taucht tatsächlich Kopenhagen auf der Anzeigetafel auf, man muß eben nur Geduld haben in China. Ich verabschiede mich von Helmut, der noch in China bleibt, gehe zum Durchleuchten der Koffer, checke dann ein und bin freudig überrascht, daß ich keine Zusatzgebühr für das Übergepäck zahlen muß. Die übrigen Formalitäten gehen reibungslos vor sich. Im Warteraum sitzen hauptsächlich Deutsche und Skandinavier. Sie erzählen von ihren Abenteuern. Beladen mit Paketen und Päckchen gehen alle an Bord. Ich kann mein Sachen gut verstauen. Neben mir sitzt ein Engländer. Zunächst gibt es ein Glas Champagner oder Orangensaft. Ich nehme ein Glas Champagner und lasse mir noch einmal nachschenken zur Feier des Tages. Dann gibt es Drinks und kleine Häppchen zum Auftakt. Eine Stunde später serviert man uns verschiedene Vorspeisen und kann unter mehreren Hauptgerichte wählen. Zum Schluß gibt es noch Kaffee und Pralinen. Danach höre ich klassische Musik über den Kopfhörer. Ich fühle mich so entspannt und zufrieden. Der Wildwestfilm, der gezeigt wird, interessiert mich nicht. Mein Nachbar schläft. Er ist sehr pflegeleicht und sagt kein Wort. Die Stewardeß verdunkelt die Fenster. Ich versuche zu schlafen, aber es gelingt mir nicht, denn ein Passagier macht alle paar Minuten das Rollo wieder hoch. Zwei Stunden vor dem Landeanflug von Kopenhagen werden alle Verdunklungen hoch gezogen. Keiner weiß genau warum. Eine Stewardeß bringt heiße Tücher, danach einen Gin-Tonic. Dann gibt es ein warm-kaltes Essen. Obwohl wir mit 50 Minuten Verspätung abfliegen, sind wir 14 Minuten vor der offiziellen Ankunftszeit in Kopenhagen. Aber das kenne ich schon. Das ist bei Flügen von China in den Westen fast immer so.

Nach dem Einchecken am Transit-Schalter schlendere ich durch das schöne, übersichtliche Flughafengebäude. Etwa 30 Minuten vor dem Abflug um 14.35 gehe ich zum Warteraum. Eine über 70-jährige Deutsche spricht mich an und wir unterhalten uns über China, deutsche Politik und die lieben Politiker. Es ist interessant, leider fliegen wir nicht mit der gleichen Maschine.

Dann geht es an Bord der SAS-Maschine nach Frankfurt, der vorletzten Etappe der Tibetreise. Alles schiebt sich zum Ausgang, man hat den Eindruck, die Leute glaubten, das Flugzeug würde ohne sie abfliegen oder sie müßten stehen. Beim Einsteigen entsteht ein großes Gedränge. Endlich sitze ich auf meinem Platz, eingekeilt zwischen zwei Damen, die Zeitung lesen. Wenn man sie so sieht, könnte man glauben, sie interessierten sich nur für diese informativen bunten Blättchen mit viel Klatsch und Tratsch und die neuesten Nachrichten aus den Tageszeitungen. Sie starren wie gebannt auf ihre Informationen. Der Flug verläuft deshalb sehr still, ohne ein einziges Wort. Meine höflichen Versuche, mit den Worten „Guten Tag", oder „Bitte" und „Danke" die Damen, die im übrigen nicht mit übergroßer Schönheit bedacht worden sind, aus der Reserve zu locken, gelingt nicht. Sie antworten nicht. Ich bin nicht gerade traurig, muß ich vor lauter Müdigkeit gestehen. Es gibt ein kaltes Essen. Ich verzichte aber drauf und nehme nur einen Gin Tonic. Die Damen neben mir lesen noch immer Zeitung. Nach 1 1/4 Std.

Flugzeit landen wir in Frankfurt, wir sind in etwa pünktlich. Bei der Paßkontrolle geht alles reibungslos, meine Koffer bekomme ich sofort, die Zollkontrolle geht ohne Probleme vorüber. Am Ausgang schaue ich mich um, entdecke aber kein bekanntes Gesicht. Mit meinem Gepäckwagen fahre ich die Rolltreppe nach oben und gehe zum Ausgang für Passagiere mit Handgepäck. Dort steht meine ganze Familie und schaut erwartungsvoll in die falsche Richtung. Nachdem mich unsere Jüngste erkannt hat, hängen mir gleich vier Frauen am Hals, um mich freudig zu begrüßen. Alle sind neugierig auf meinen Reisebericht und die Souvenirs und so wird es noch eine vergnügte und lange Nacht.

Ein anstrengendes, spannendes und faszinierendes Abenteuer durch Tibet geht damit zu Ende. Nicht vergessen werden ich die große Weite des Landes mit den hohen Bergen, den reißenden Flüssen und den freundlichen Menschen, die genügsam leben und trotz des ständigen Kampfes mit der Natur ihre tiefe Religiosität nicht verloren haben.

**In dieser Reihe erschienen:**

| Titel: | ISBN |
|---|---|
| 1) Auf Schienen von Peking nach Moskau | 3-9800487-1-3 |
| 2) Medea in Mittelasien | 3-9800487-2-1 |
| 3) Sarkasmus pur | 3-9800487-3-X |
| 4) Einmal einfach Chongqing-Wuhan | 3-9800487-5-6 |
| 5) Radio Eriwans neues Wörterbuch | 3-9800487-0-5 |
| 6) Begrabt ihn hier | 3-9800487-6-4 |

**Voraussichtlich in dieser Reihe wird erscheinen:**

| Titel: | ISBN |
|---|---|
| 1.)  Auf den Schwingen der Seele | |

**„Tibet für Anfänger" auf CD-Rom** mit einer Mischung aus lebhaften und unvergeßlichen Originaleindrücken von Tibet und seinen Menschen erscheint voraussichtlich Ende des Jahres 2002 unter: www.rano-prof.simon.de